Veronika Pichl

SCHEINFASTEN

Das Kochbuch

Veronika Pichl

SCHEINFASTEN

Das Kochbuch

Gesund abnehmen in 5 Tagen

riva

Inhalt

Scheinfasten – Fastenvorteile ohne Nahrungsverzicht 7
Was ist Scheinfasten und wie funktioniert es? 8
Welche Vorteile hat Scheinfasten? 9
Für wen ist das Scheinfasten nicht geeignet? 11
Wie funktioniert Scheinfasten in der Praxis? 12
Die richtige Vorbereitung für die Scheinfastentage 14
Mahlzeiten und Lebensmittel für die Scheinfastentage 16
Wie geht es nach dem Scheinfasten weiter? 19
Zum Umgang mit diesem Buch 20

Hauptmahlzeiten

Frühstück 21
Erdbeer-Chia-Pudding 22
Tomaten-Avocado-Wassermelonen-Salat 24
Nuss-Kokos-Müsli mit Himbeeren 26
Avocado-Schoko-Mousse mit Himbeeren 28
Wassermelonen-Tomaten-Gazpacho 30
Gurken-Avocado-Smoothie 32
Papaya-Tomaten-Salat 34
Gefüllte Avocado 36
Heidelbeer-Kokos-Traum 38

Suppen 39
Grundrezept Gemüsebrühe 40
Sellerie-Apfel-Suppe 42
Brokkoli-Kokos-Suppe 44
Kohlrabi-Blumenkohl-Suppe 46
Weißkohlsuppe 48
Blumenkohl-Karotten-Suppe 50
Tomaten-Zucchini-Suppe 52

Salate 53
Brokkoli-Rohkost-Salat 54
Karotten-Nuss-Salat 56
Bunter Salat mit Oliven 58
Gerösteter Blumenkohlsalat 60
Chinakohl-Radieschen-Salat 62
Kohlrabi-Karotten-Salat 64

Aus Pfanne und Topf 65
Zucchini-Lauch-Pfanne 66
Champignon-Spargel-Pfanne 68
Selleriestampf mit gebratenen Champignons 70
Kohlrabinudeln mit Karotten-Sellerie-Bolognese 72
Gemüsecurry mit Blumenkohl, Zucchini und Chilischote 74
Blumenkohl-Taboulé 76
Brokkoli-Champignon-Curry 78
Gekochter Blumenkohl mit Brokkolipesto 80
Wirsing-Champignon-Pfanne 82
Gefüllte Champignons mit Avocado-Dip 84
Buntes Gemüsegulasch 86
Auberginenragout 88
Bohnen-Tomaten-Pfanne 90
Karotten-Kohlrabi-Eintopf 92
Weißkohl-Tomaten-Topf 93
Zucchiniröllchen mit Avocado-Blumenkohl-Füllung 94
Zoodles mit Avocadopesto und Tomaten 96
Tomaten-Zucchini-Gemüse 98
Spinat-Pilz-Pfanne 100
Zucchini-Spaghetti mit Tomatensauce 102
Blumisotto 104
Pak-Choi-Gemüse-Wok 106
Mediterranes Pfannengemüse 108

Aus dem Ofen 109
Geschmorte Aubergine Imam Bayildi 110
Geschichtete Ratatouille 112
Gebackene Champignons 113
Kohlrabi-Pommes mit Tomatendip 114
Auberginen-Piccolinis 116
Gefüllter Kohlrabi 118
Tomaten mit Blumenkohl-Nuss-Füllung 120
Rotkohlsteaks 122

Snacks 123
Papaya-Avocado-Smoothie 124
Erfrischende Smoothie-Bowl 126
Papaya-Gurken-Snack 128
Kohlrabi-Carpaccio 130
Grapefruit-Avocado-Snack 132
Apfel-Sellerie-Snack 134
Tomaten-Chili-Salsa 135
Himbeer-Kokos-Eis 136
Gemüse-Kohl-Wrap 138

Beispielpläne für 5 Tage Scheinfasten 139
Über die Autorin 141
Bonusmaterial zum Buch 142
Bildnachweis 143

Scheinfasten – Fastenvorteile ohne Nahrungsverzicht

Fasten hat eine lange Tradition – denken wir nur an die religiöse Fastenzeit vor Ostern. In den letzten Jahren wurde das Fasten von der Wissenschaft wiederentdeckt und liegt heute im Trend. Denn zahlreiche Studien, die sich auf Untersuchungen an Tieren und Menschen stützen, zeigen, dass der Nahrungsverzicht positive Effekte auf das Gewicht, die Gesundheit und den Alterungsprozess hat.
Mit dem modernen Alltag ist traditionelles Fasten wie z. B. Wasserfasten allerdings nicht leicht vereinbar. Mit Einläufen und Darmentleerungen per Glaubersalz ist es unangenehm und es hat meist starke Nebenwirkungen wie Kopfschmerzen, Konzentrationsprobleme und Hunger. Nicht nur die Laune, auch die Produktivität leidet, wenn man tagelang nichts essen darf. Und als wäre das nicht schon genug, kommt noch die ständige Versuchung dazu. An jeder Tankstelle, in zahlreichen Büros und gefühlt an jeder Ecke bietet sich die Möglichkeit, sich einen Happen zu besorgen. Wer heutzutage streng fasten möchte, braucht eine Menge Selbstdisziplin.
Um diese negativen Aspekte zu umgehen, wurde das Intervallfasten entwickelt. Bei dieser Weiterentwicklung wechseln sich täglich Fasten- und Essensphasen ab, die je nach Methode unterschiedlich lang sein können. Mehrere klinische Studien am Menschen haben gezeigt, dass Intervallfasten positive Effekte auf das Gewicht hat sowie Krankheiten wie Diabetes, Herz-Kreislauf-Erkrankungen, Krebs und neurologischen Störungen vorbeugen kann. Beim Intervallfasten handelt es sich jedoch nicht um eine kurzfristige Angelegenheit wie beim mehrtägigen Wasserfasten, sondern es sollte dauerhaft eingehalten werden.

Die Innovation heißt Scheinfasten. Die kurzzeitige Beschränkung bei der Nahrungsaufnahme aktiviert im Körper Prozesse, die sonst nur beim Fasten ablaufen. Komplett aufs Essen verzichten, wie z. B. beim Wasserfasten, muss man dabei aber nicht. Ein weiterer Vorteil ist, dass das Scheinfasten nicht über einen längeren Zeitraum durchgehalten werden muss wie z. B. beim Intervallfasten. Um die positiven Effekte auf die Gesundheit und das Gewicht zu erzielen, reichen fünf Tage.
Wie Scheinfasten funktioniert, welche positiven Effekte sich dadurch erreichen lassen und welche leckeren Rezepte erlaubt sind, zeigt dieses Buch.

Was ist Scheinfasten und wie funktioniert es?

Scheinfasten (auf Englisch *fasting mimicking*) ist eine innovative Weiterentwicklung des traditionellen Fastens. Es wird auch fastenähnliche Diät oder fastenimitierende Diät genannt. Dabei wird quasi zum Schein gefastet, also dem Körper durch gezielte Nahrungsbeschränkung fünf Tage lang suggeriert, dass gefastet wird.

Anders als beim altbekannten Fasten muss dabei nicht komplett auf feste Nahrung verzichtet werden. Die gezielte Reduzierung bei der Nahrungsaufnahme sorgt dafür, dass der Körper in den Fastenmodus schaltet und wertvolle Prozesse aktiviert, die sich positiv auf die Gesundheit und das Gewicht auswirken.

Dafür sind die während des Scheinfastens zugelassenen Lebensmittel pflanzlich, kalorienreduziert, kohlenhydratarm, eiweißarm und fettbetont. Die positiven Effekte bleiben nach den fünf Tagen Scheinfasten teils monatelang bestehen. Das Scheinfasten kann dann nach Bedarf einmal oder mehrmals jährlich wiederholt werden, um die Auswirkungen langfristig aufrechtzuerhalten.

Aber warum ist die Nahrungsbeschränkung so wertvoll für die Gesundheit? Normalerweise wird viel Energie auf die Verdauung verwendet. Insbesondere in der modernen Welt mit vielen verarbeiteten Lebensmitteln, die ständig verfügbar sind, ist die Ernährung der meisten Menschen weit von dem entfernt, wofür der Mensch eigentlich geschaffen ist. In Zeiten von Jägern und Sammlern gab es weder ein solches konstantes Nahrungsangebot, noch war die Nahrung so stark verarbeitet und hochkalorisch. Damals aßen die Menschen deutlich weniger und meist nur tagsüber. Bei Dunkelheit wurde hauptsächlich gefastet und geschlafen. Während des Fastens kann die Energie im Organismus jenseits der Verdauungsprozesse anderweitig verwendet werden, etwa für Reparaturprozesse, Zellerneuerung oder Fettverbrennung.

Heute kann das Scheinfasten dabei helfen, sich diesem natürlichen Rhythmus anzunähern und die positiven Effekte des Fastens zu nutzen, ohne dass man den Darm entleeren oder Hunger leiden muss wie etwa beim Wasserfasten. Somit ist Scheinfasten eine moderne und realistische Adaption der traditionellen Gesundheitspraktik.

Entwickelt wurde das Modell des Scheinfastens von Dr. Valter Longo, dem Direktor am Institut für Langlebigkeit der Abteilung für Gerontologie an der US-amerikanischen Universität von Südkalifornien ist (Longevity Institute at the University of Southern California). Dr. Longo befürwortet die fastenähnliche Diät als eine Methode zur Gewichtsabnahme, die zusätzlich hilft, die Gesundheit zu verbessern und Krankheiten vorzubeugen.

Welche Vorteile hat Scheinfasten?

Scheinfasten hat zahlreiche positive Effekte, die sich in vier Kategorien einteilen lassen.

Kategorie 1: Gewicht

Laut dem Robert Koch-Institut sind in Deutschland 67 Prozent aller Männer und 53 Prozent aller Frauen übergewichtig. Fast ein Viertel der Erwachsenen (bei Männern 23 Prozent, bei Frauen 24 Prozent) sind sogar stark übergewichtig (adipös). Scheinfasten hilft bei der Gewichtsreduktion und erhält gleichzeitig Knochen- und Muskelmasse. Vor allem das hartnäckige Bauchfett lässt sich mit der Methode meist gut reduzieren.

Kategorie 2: Stoffwechsel

Der Stoffwechsel umfasst alle biochemischen Zellvorgänge, die Nährstoffe aus der Nahrung abbauen, umbauen und zu neuen Produkten aufbauen. In den ersten Jahren und Jahrzehnten des Lebens ist der Stoffwechsel bei Gesunden auf Wachstum programmiert. Spätestens ab dem 40. Lebensjahr ändert sich das. Dann wird der Stoffwechsel um bis zu 15 Prozent gedrosselt. Dadurch sinkt der Energieverbrauch und die Körperzusammensetzung ändert sich sichtbar – man setzt mehr Fett an.
Einige Erkrankungen wie eine Schilddrüsenunterfunktion, Diabetes oder auch häufige Radikaldiäten können den Stoffwechsel schädigen.
Scheinfasten trägt bei gesunden Menschen dazu bei, den Stoffwechsel auf einem guten Level zu halten. Bei bereits vorhandenen Risikofaktoren wie erhöhtem Blutdruck, Blutzuckerwerten, Cholesterinwerten oder Entzündungsmarkern kann Scheinfasten helfen, die Stoffwechselgesundheit zu optimieren.

Kategorie 3: Anti-Aging für Zellen

Der menschliche Organismus recycelt sich ständig selbst. Dieser Prozess der Zellerneuerung wird Autophagozytose oder Autophagie genannt. Dieser Selbstreinigungsprozess ist energieaufwendig. Er kann nur dann optimal ablaufen, wenn im Organismus ausreichend Energie zur Verfügung steht. Kommt es bei diesem Recyclingprozess zu Fehlern, können sich eine erhöhte Infektanfälligkeit oder gar neurodegenerative Erkrankungen oder Krebs entwickeln. Einige Dinge können unterstützend oder hemmend auf die Autophagie einwirken. Positiv ist ein konstant niedriger Insulinspiegel durch Fasten oder Scheinfasten, der Verzehr bestimmter Lebensmittel wie Heidelbeeren oder Grünkohl, die Aufnahme des Stoffes Spermidin (etwa über Hülsenfrüchte oder Pilze) sowie körperliche Bewegung.

Kategorie 4: Mentale Kraft

Scheinfasten kann dabei unterstützen, den mentalen Fokus und die mentale Kraft zu festigen, um eine nachhaltige Verhaltensänderung hin zu einer gesünderen Ernährungs- und Lebensweise zu erwirken.

Insgesamt lässt sich sagen: Scheinfasten bietet die gleichen Vorteile wie traditionelles Fasten, inklusive Gewichtsverlust und Schutz vor Krankheiten. Konkret senkt Gewichtsverlust in Verbindung mit Fasten das Risiko, an Krankheiten zu erkranken, die mit Übergewicht zusammenhängen. Das wären beispielsweise Diabetes und bestimmte Arten von Krebs. Denn wie beim herkömmlichen Fasten geht der Körper auch beim Scheinfasten dazu über, angelegte Fettreserven als primäre Energiequelle zu nutzen. Das leidige

Fett wird während der sogenannten Ketose in Ketonkörper umgewandelt, die dem Organismus Energie liefern. Die Fettmasse wird reduziert, während die Muskelmasse erhalten bleibt, da der Körper das Eiweiß aus den Muskeln nicht zur Energiegewinnung benötigt.

Am Ende des fünftägigen Scheinfastens lässt sich in der Regel eine Gewichtsabnahme (konkreter: eine Abnahme des Körperfetts), ein kleinerer Umfang im Bauch- und Taillenbereich, ein verbesserter systolischer Blutdruck (oberer Messwert) und eine bessere Stoffwechselgesundheit feststellen.

Für wen ist das Scheinfasten nicht geeignet?

Scheinfasten bedeutet nicht, dass man komplett aufs Essen verzichten muss. Allerdings ist es mit einer reduzierten Menge an Kalorien und Eiweiß sowie einer erhöhten Menge an (gesundem) Fett verbunden. Für bestimmte Personengruppen kann eine solche Ernährungsweise nicht angeraten sein. Dazu zählen:

- schwangere Frauen,
- Frauen in der Stillphase,
- untergewichtige Personen,
- Personen mit Mangelernährung,
- Kinder.

Für Menschen mit Vorerkrankungen wie Diabetes, Nieren- oder Gallenerkrankungen (auch Gallensteinen) ist ärztliche Begleitung angeraten. Personen mit alten oder aktiven Essstörungen sollten Ernährungsumstellungen grundsätzlich mit Vorsicht und unter ärztlicher Begleitung angehen.

Welche Nebenwirkungen können beim Scheinfasten auftreten?

Eine Studie aus dem Jahr 2017 von Dr. Min Wei vom Longevity Institute der Universität von Südkalifornien mit 71 Probandinnen und Probanden hat die Wirkungen und Nebenwirkungen des Scheinfastens getestet.
Die festgestellten Nebenwirkungen waren bei allen Versuchspersonen mild und temporär. Hauptsächlich traten auf:

- Müdigkeit,
- Schwäche,
- Kopfschmerzen.

Die Nebenwirkungen des Scheinfastens lassen sich dadurch erklären, dass die konsumierten Kalorien während der fünftägigen Fastenkur deutlich reduziert werden.
Erfahrungsgemäß ist auch die sogenannte Keto-Grippe möglich, bei der es vorübergehend zu leichten grippeähnlichen Symptomen kommt.

Wie funktioniert Scheinfasten in der Praxis?

Während des traditionellen Fastens stellt sich der Stoffwechsel um. Anstatt die leicht verfügbare Glukose aus der Nahrung zu nutzen (Stärke, Zucker), gewinnt der Körper seine Energie aus Ketonen (Ketonkörpern). Sie werden während der sogenannten Ketose aus den Fettreserven des Körpers produziert. Beim Scheinfasten findet diese Stoffwechselumstellung ebenfalls statt. Denn obwohl man täglich isst, wird durch die gezielte Auswahl und Zusammenstellung von Lebensmitteln der Fastenzustand simuliert. Alle erlaubten Lebensmittel sind pflanzlich, eiweiß-, kohlenhydrat- und kalorienarm sowie fettbetont. Das bedeutet, dass es einige Lebensmittel gibt, die während des fünftägigen Scheinfastens nicht gegessen werden, da sie diesen Kriterien nicht entsprechen und den Fastenzustand behindern würden. Dazu zählen etwa Reis, Nudeln, Quinoa, Fleisch- oder Wurst etc. Eine Tabelle mit geeigneten Lebensmitteln finden Sie ab S. 17.

5 Tage Scheinfasten im Überblick

Zusammensetzung der Nährstoffe während der 5 Tage Scheinfasten

pro Tag	**Tag 1**	**Tag 2–5**
Kalorien	1000–1100 kcal	700–800 kcal
Kohlenhydrate	bis 50 g	bis 50 g
Protein/Eiweiß	bis 25 g	bis 18,5 g
Fett	Rest	Rest

Zur Nahrungsergänzung ist es empfehlenswert, während der 5 Scheinfastentage zu einer Mahlzeit täglich 1 Kapsel Omega-3-Fettsäuren (200–250 mg DHA bzw. DHA und EPA – vorzugsweise aus Algen) einzunehmen. Omega-3-Fettsäuren zählen zu den mehrfach ungesättigten Fettsäuren und sind essenziell für unseren Körper. Sie unterstützen die Fettverbrennung, sind wichtig für die Gehirnfunktion und lindern unter anderem Entzündungen im Körper.

Das passiert während der Scheinfastenwoche im Körper

1. Tag:

Am ersten Tag des Scheinfastens fängt der Körper langsam an, in den Fastenzustand überzugehen. Da der Großteil des Blutzuckers maximal nach 12 Stunden aufgebraucht ist, kommen vielleicht schon die ersten Hungergefühle auf. Dafür verantwortlich sind bestimmte Hungerhormone sowie das Darmhormon Ghrelin. Auch die Gewohnheiten, beispielsweise zu bestimmten Uhrzeiten zu Mittag zu essen, können Essensgelüste hervorrufen. Am

besten lenken Sie sich in diesem Fall mit etwas Bewegung an der frischen Luft vom Essen ab. Am ersten Tag sind rund 1000 bis 1100 Kalorien eingeplant, die maximal 25 g Eiweiß und 50 g Kohlenhydrate enthalten können. Aufgeteilt ist die Kalorienzahl auf zwei Hauptmahlzeiten und einen Snack.
Bereits am ersten Tag lässt sich ein Gewichtsverlust beobachten. Dabei handelt es sich vorrangig um Darminhalt und Wasser. Da die Glukosespeicher auch Wasser enthalten, wird das Wasser freigesetzt, wenn die Glukosespeicher geleert werden.
Der körpereigene Recyclingprozess (Autophagozytose oder Autophagie) beginnt etwa 12 bis 16 Stunden nach der letzten Mahlzeit.

2. Tag:
Nach 48 Stunden, also etwa am zweiten Tag, setzt die Ketogenese ein. Die Glukosespeicher sind leer und der Körper geht dazu über, seine Fettreserven in Ketone zu verstoffwechseln. Das bedeutet: Echter Gewichtsverlust (sprich die Reduktion von Körperfett) kann bereits ab dem zweiten Tag des Scheinfastens beginnen. Ab dem 2. Tag sollten Sie möglichst morgens und abends z. B. mithilfe von Urinsticks messen, ob Sie in Ketose sind. Das ist ein gutes Zeichen dafür, dass Sie den Fastenmodus erreicht haben. Anhand einer Farbskala, die den Urinsticks beiliegt, können Sie erkennen, wie hoch die Konzentration der Ketonkörper im Urin bereits ist. Weitere Infos und Empfehlungen zum Ketontest finden Sie auf **happyfitfood.de/scheinfasten**.
Das Stresshormon Cortisol beginnt anzusteigen, während das Darmhormon Ghrelin abnimmt. Dadurch geht der Hunger zurück und eine mentale Klarheit und Wachsamkeit kann sich einstellen.
Für den zweiten bis fünften Tag sind etwa 700 bis 800 Kalorien veranschlagt, die höchstens 18,5 g Eiweiß und 50 g Kohlenhydrate enthalten. Da durch die reduzierte Nahrungsaufnahme auch die aufgenommene Wassermenge reduziert wird (im Essen stecken bis zu 40 Prozent des täglich aufgenommenen Wassers), kann es am zweiten Tag zu leichtem Schwindel und Benommenheit kommen. Diese Symptome deuten auf Dehydration hin. Es ist empfehlenswert, die Wasseraufnahme entsprechend zu erhöhen. Dabei sollte der Konsum im Auge behalten werden, da der Elektrolythaushalt durch zu viel Leitungs- oder Mineralwasser außer Balance geraten kann, was wiederum die Dehydrationssymptome verstärkt. Besser ist es, die Mahlzeiten normal zu salzen, natriumhaltiges Wasser zu trinken oder eine kleine Prise Salz ins Wasser hinzuzufügen. Die empfohlene Trinkmenge liegt bei 2 Litern täglich.

3. Tag:
Am dritten Tag nimmt die Autophagie richtig Fahrt auf und die Zellen beginnen sich zu verjüngen. Außerdem werden im Fastenmodus eine Reihe von Hormonen aktiviert, die den Gewichtsverlust und die Stoffwechselheilung ankurbeln. Durch die reduzierte Kalorienzahl ist nur leichte körperliche Aktivität empfehlenswert. Leichte Übungen, Spazierengehen oder Yoga sind beispielsweise gut geeignet. Ein weiterer Vorteil von körperlicher Aktivität: Sie lenkt vom Hunger ab. Allerdings sollte der Hunger am dritten Tag deutlich abgeflacht sein, da sich der Körper zu dem Zeitpunkt bereits an das neue Essverhalten angepasst hat.

4. Tag:
Die Autophagie erreicht ihren Höhepunkt spätestens am vierten Tag (nach etwa 70 Stunden Scheinfasten). Auch die Ketose läuft weiter. Viele Scheinfastende erleben an diesem Tag ein Gefühl der Euphorie. Das Hungergefühl wird weiter reduziert.

5. Tag:
Der fünfte ist der letzte Fastentag. Ketose und Autophagozytose laufen weiter, sogar die Stammzellen werden aktiviert und regeneriert.

Der Prozess der Zellerneuerung dauert auch über den fünften Tag hinaus an. Die meisten Menschen merken nicht nur, dass sie durch die fünf Tage Scheinfasten an Gewicht verloren haben, sondern berichten auch von einer geistigen Klarheit sowie besserer Konzentrationsfähigkeit und mehr Energie.

Die richtige Vorbereitung für die Scheinfastentage

Wer das Scheinfasten durchführen will, sollte sich so gut wie möglich vorbereiten. Das heißt:
Informieren und planen – was darf man essen (wer sich den Speiseplan frei zusammenstellt, sollte die Nährwerte im Auge behalten), was will man wann kochen, wie sich vom Hunger ablenken, wie die Veränderungen messen (Stichwort: Wasser, daher besser mit dem Maßband als nur auf der Waage)? Tipp: Um zu messen, ob man bereits in Ketose ist, gibt es spezielle Urinsticks.
Einkaufen und Meal Prep – einige Dinge können vorbereitet und vorgekocht werden. Das ist sinnvoll, um nicht im stressigen Alltag doch zu einer schnellen Alternative wie Fertiggerichten, Schokoriegeln oder Fast Food zu greifen. Stattdessen sind bereits

vorbereitete Gerichte oder Bestandteile von Gerichten im Kühlschrank, sodass der Aufwand der Zubereitung gering ist und so auch der Versuchung besser widerstanden werden kann, wenn der Hunger schon groß ist.

Bevor es losgeht – am Tag vor dem ersten Scheinfastentag kohlenhydratärmer essen als gewöhnlich und Sport treiben. Beides beschleunigt den Übergang in den wertvollen Fastenzustand. Außerdem wichtig: unbedingt ausreichend schlafen! Wer nicht ausgeschlafen ist, fühlt Hunger meist stärker.

Wenn die Scheinfastenkur startet – genug trinken (Wasser, ungesüßte Kräutertees, Fruit Infused Water oder Kaffee ohne Milch), leichte bis moderate Bewegung nicht vergessen und dokumentieren, wie es läuft!

Hilfreiche Übersichten, Vorlagen für ein Scheinfasten-Tagebuch und Mahlzeitenpläne zum Ausdrucken finden Sie im Bonusbereich zum Buch unter happyfitfood.de/scheinfasten.

Checkliste für 5 Tage Scheinfasten

Welche Utensilien werden benötigt?

Messung:

- ☐ Maßband zur Messung von Körperumfängen
- ☐ Körperwaage, z. B. Körperfettwaage
- ☐ Urinsticks oder Messgerät zur Messung von Ketonkörpern

Kochen:

- ☐ Digitale Küchenwaage (auch Öle werden abgewogen)
- ☐ Spiralschneider oder Sparschäler (für Gemüsenudeln)
- ☐ Messbecher

Was mache ich wann?

Vor Fastenbeginn:

- ☐ Rezepte für die Scheinfastenwoche aussuchen (Beispielpläne ab S. 139)
- ☐ Einkaufsliste erstellen
- ☐ Lebensmittel für die Rezepte einkaufen
- ☐ Geeignete Getränke einkaufen, z. B. Mineralwasser (natriumreich, möglichst keine oder wenig Kohlensäure), Kräuter- und Früchtetee (ungezuckert), Kaffee

Tag 1:

- ☐ Morgens wiegen und Körperumfänge messen und notieren
- ☐ Spaziergang an der frischen Luft

Tag 2:

- ☐ Morgens und abends Ketone messen und notieren
- ☐ Spaziergang an der frischen Luft

Tag 3:

- ☐ Morgens und abends Ketone messen und notieren
- ☐ Spaziergang an der frischen Luft

Tag 4:

- ☐ Morgens und abends Ketone messen und notieren
- ☐ Spaziergang an der frischen Luft

Tag 5:

- ☐ Morgens und abends Ketone messen und notieren
- ☐ Spaziergang an der frischen Luft
- ☐ Rezepte für die Tage nach dem Scheinfasten aussuchen (siehe S. 19)
- ☐ Einkaufsliste erstellen
- ☐ Lebensmittel für das Essen nach dem Scheinfasten einkaufen

Tag 6 (nach dem Scheinfasten):

- ☐ Morgens wiegen und Körperumfänge messen und notieren
- ☐ Scheinfastenwoche anhand der Tagebuchaufzeichnungen und Messungen reflektieren
- ☐ Reduzierte Kost essen (siehe S. 19)

Mahlzeiten und Lebensmittel für die Scheinfastentage

Mahlzeitenaufteilung für die Fastentage

	Tag 1	Tag 2–5
Kalorien gesamt pro Tag	1000–1100 kcal	730–800 kcal
1. Hauptmahlzeit	400–450 kcal	260–360 kcal
2. Hauptmahlzeit	400–450 kcal	260–360 kcal
Snack	max. 200 kcal	max. 200 kcal

So kann die Mahlzeitenaufteilung an einem Scheinfasten-Tag aussehen:
Frühstück + Snack + Abendessen
Snack + Mittagessen + Abendessen

Geeignete Lebensmittel für die Fastentage

Hier finden Sie eine Übersicht von geeigneten Lebensmitteln für die Fastentage in alphabetischer Reihenfolge. Damit können Sie selbst eigene Mahlzeiten und Snacks zusammenstellen bzw. evtl. Zutaten in den Rezepten austauschen. (durchschnittliche Nährwerte nach Fddb – produktabhängig)

Gemüse, Pilze, Salat

Lebensmittel	Kalorien/100 g	Protein/100 g	Kohlenhydrate/100 g	Fett/100 g
Artischockenherzen im Glas	27	1,4	4	0
Aubergine	18	1,1	3	0,2
Blumenkohl	25	1,9	2,3	0,3
Brokkoli	34	3,8	2,7	0,2
Bohnen (grün), z. B. Prinzess	25	1,6	2,8	0,2
Champignons (braun)	20	2,7	0,6	0,3
Chicorée	16	1,3	2,3	0,2
Chinakohl	14	1,1	1,2	0,3
Eisbergsalat	13	1,1	2,4	0,2
Fenchel	24	2,4	2,8	0,3
Grünkohl	45	4,3	2,5	0,9
Gurke	15	0,6	1,8	0,2
Karotte	39	0,8	6,8	0,2
Knollensellerie	27	1,6	2,3	0,3
Kohlrabi	28	1,9	3,7	0,2
Lauch	29	2,1	3,3	0,3
Lauchzwiebel	33	2	3	0,5
Pak Choi	12	1	1	0,5
Paprika (grün)	23	1,1	2,9	0,2
Paprika (gelb)	37	1,2	5,3	0,3
Paprika (rot)	38	1,3	6,4	0,5
Radieschen	17	1,1	2,1	0,1
Rucola	27	2,6	2,1	0,7
Spargel	18	1,8	1,8	0,1
Spinat	23	2,9	1,4	0,4
Tomaten	19	1	2,6	0,2
Wirsing	32	2,8	2,9	0,3
Zucchini	19	1,6	2,2	0,4
Zwiebel	28	1,2	4,9	0,3

Früchte

Lebensmittel	Kalorien/100 g	Protein/100 g	Kohlenhydrate/100 g	Fett/100 g
Apfel, Granny Smith	52	0,3	13,8	0,2
Avocado, grün (Fuerte)	160	2	8,5	14,7
Avocado, schwarz (Hass)	220	1,9	2	23,5
Brombeeren	43	1,2	6,2	1
Erdbeeren	33	0,9	5,5	0,4
Grapefruit	45	0,6	7,4	0,2
Heidelbeeren	46	0,6	7,4	0,6
Himbeeren	43	1,3	4,8	0,3
Oliven, grün	124	1,4	4,2	13,9
Oliven, schwarz (Kalamata)	238	1,3	0,5	25
Papaya	43	0,5	7,2	0,3
Wassermelone	39	0,6	8,3	0,2

Nüsse und Saaten

Lebensmittel	Kalorien/10 g	Protein/10 g	Kohlenhydrate/10 g	Fett/10 g
Chiasamen	46	2,20	0,23	3,3
Kokosraspel	64	0,78	0,75	6,20
Leinsamen	54	2,20	0,30	4,29
Macadamia-nüsse	70	0,75	0,40	7,30
Pekannüsse	73	1,10	0,44	7,20

Öle und Fette

Lebensmittel	Kalorien/10 g	Protein/10 g	Kohlenhydrate/10 g	Fett/10 g
Olivenöl (extra nativ)	82	0,00	0,00	9,10
Kokosöl (nativ, MCT)	85	0,00	0,00	9,50
Kokosmilch	19	0,20	0,31	1,87

Wie geht es nach dem Scheinfasten weiter?

Es ist geschafft! Die Herausforderung ist gemeistert und die Effekte auf der Waage und beim Nachmessen mit dem Maßband sichtbar! Im Organismus ist am sechsten Tag viel los. Jetzt startet der Körper die eigentliche Arbeit. Die aktivierten Stammzellen füllen nun alle Organe und Gewebe mit neuen Zellen auf und der Körper verjüngt sich. Vom Gehirn bis in den Darm und darüber hinaus findet diese Verjüngungskur statt.

Was das Essen betrifft, ist der sechste Tag ein Aufbautag. Manchmal wird auch vom Abfasten gesprochen. Wichtig in diesem Moment: Eiweiß essen. Ideal sind Proteinlieferanten, die eine größere Menge der Aminosäuren Methionin und Leucin enthalten (beispielsweise findet sich Methionin in Eiern, Fisch, Fleisch, Haferflocken, Hülsenfrüchten, Paranüssen und Sesam; Leucin in Eiern, Erbsen, Fisch, Fleisch, Milchprodukten und Walnüssen).

Optimal für den Tag nach dem Scheinfasten sind drei Mahlzeiten, die ca. 20 bis 30 g Eiweiß aufweisen. Die Kalorienmenge sollte noch etwas reduziert bleiben (maximal 1800 kcal), damit die Verdauung nach dem Scheinfasten nicht überfordert wird. Auch bei den Kohlenhydraten lieber zurückhalten.

Ab dem siebten Tag gibt es keine Einschränkungen, aber viel Potenzial für eine rundum bessere Ernährungsweise. Wer es gepackt hat, fünf Tage lang das Scheinfasten durchzuhalten, besitzt die mentale Stärke, um sich auch zukünftig ausgewogen und nährstoffreich zu ernähren! Als für Gewicht und Gesundheit günstig gilt etwa die Mittelmeerdiät, die als langfristige Ernährungsweise angelegt ist.

Es ist möglich, dass das Gewicht nach dem Scheinfasten wieder etwas steigt. Das ist normal und bedeutet nicht, dass es sich um Fettmasse handelt. Vielmehr wird vermehrt Wasser im Körper gespeichert.

Um die positiven Effekte des Scheinfastens langfristig zu sichern, empfiehlt es sich, das Scheinfasten drei Monate lang jeden Monat zu wiederholen. Verfechter des Scheinfastens legen nach dieser dreimonatigen Startphase jedes Jahr ein bis sechs Scheinfastenkuren ein.

Dabei müssen nicht immer die gleichen Dinge gegessen oder immer wieder die gleichen Rezepte gekocht werden. Zum Glück gibt es die zahlreichen Scheinfasten-Rezepte in diesem Buch. So findet sich sicherlich für jeden Geschmack das Richtige. Vorschläge für 5-Tage-Pläne sind ab S. 139 aufgeführt.

Nun wünsche ich Ihnen genussvolle Scheinfastentage und viel Erfolg!

Zum Umgang mit diesem Buch

Zu jedem Rezept werden Nährwerte angegeben:

- kcal steht für Kilokalorien
- KH steht für Kohlenhydrate
- F steht für Fett
- P steht für Protein

Alle Rezepte in diesem Buch sind vegan und glutenfrei.
Öle werden bei den Rezepten in Gramm angegeben, da man sie so genauer bestimmen kann als in einem Messbecher. Gerade bei Ölen und Fetten kann ein kleiner Unterschied in ml (der anhand einer Mess-Skala vielleicht gar nicht so deutlich sichtbar ist) bereits eine große Abweichung bei der Kalorienanzahl ausmachen.

Praxistipps für die Rezepte:

- Bei einigen Rezepten streue ich gemahlene bzw. fein zerkleinerte Macadamianüsse über das Gericht. Das ähnelt geriebenem Parmesan, sorgt für eine Zugabe von gesunden Fetten und schmeckt auch richtig lecker.
- An den Tagen 2 bis 5 wird meist weniger Öl verwendet. Zum Anbraten kann man auch ein paar Esslöffel Wasser hinzufügen und die Hitze etwas niedriger stellen. Nutzen Sie am besten immer eine gut beschichtete Pfanne.
- Ersetzen Sie gerne Zutaten in den Rezepten wie z. B. eine Gemüsesorte nach Belieben. Nehmen Sie dazu am besten die Lebensmittelliste ab S. 17 zur Hand.
- Anstatt Olivenöl können Sie auch MCT-Kokosöl einsetzen. Bei vielen Menschen bewirkt dieses Öl, dass der Stoffwechselzustand der Ketose schneller erreicht wird. Es ist auch empfehlenswert, pro Tag unterschiedliche Öle zu wählen, etwa mittags ein Rezept mit Olivenöl und abends mit MCT-Kokosöl.

HAUPTMAHLZEITEN

Frühstück

Die nachfolgenden Rezepte für die Hauptmahlzeiten sind für die jeweiligen Scheinfastentage in verschiedenen Kalorienstufen dargestellt. Tag 1 mit 400–450 kcal und die Tage 2 bis 5 mit 250–300 kcal (siehe Mahlzeitenaufteilung S. 16).

Starten Sie mit den einfachen Frühstücksideen gut in den Tag und/oder wählen Sie leckere Gerichte aus den Kategorien »Suppen«, »Salate«, »Aus Pfanne und Topf« oder »Aus dem Ofen« für Ihre Hauptmahlzeiten aus.

Erdbeer-Chia-Pudding

Tag 1: 400–450 kcal

Für 1 Portion • 438 kcal / 8 g P / 11,1 g KH / 38,6 g F

100 g Erdbeeren
140 ml cremige Kokosmilch
1 Msp. gemahlene Vanille
15 g Chiasamen
10 g Pekannüsse

Tag 2–5: 250–300 kcal

Für 1 Portion • 295 kcal / 5,4 g P / 8 g KH / 25,8 g F

75 g Erdbeeren
100 ml cremige Kokosmilch
1 Msp. gemahlene Vanille
10 g Chiasamen
5 g Pekannüsse

1. Erdbeeren waschen, abtrocknen und entstielen.
2. 50 g Erdbeeren, Kokosmilch und Vanille in einem Standmixer pürieren.
3. In eine Schüssel oder ein Einmachglas umfüllen und mit den Chiasamen vermischen. Mindestens 3 Stunden, am besten über Nacht, im Kühlschrank quellen lassen.
4. Pekannüsse klein hacken.
5. Vor dem Verzehr den Pudding noch mal gut durchrühren und mit Pekannüssen und den restlichen Erdbeeren belegen.

TIPP: Anstatt Erdbeeren eignen sich auch andere Beeren wie Himbeeren oder Heidelbeeren in der gleichen Menge.

Tomaten-Avocado-Wassermelonen-Salat

Tag 1: 400–450 kcal

Für 1 Portion • 425 kcal / 4,1 g P / 19,2 g KH / 37,9 g F

- 100 g Kirschtomaten
- 100 g Fruchtfleisch einer Wassermelone
- 80 g Fruchtfleisch einer grünen Avocado (Fuerte)
- 6–8 Basilikumblätter
- 10 g Macadamianüsse
- 10 ml Limettensaft (alternativ Zitronensaft)
- 20 g extra natives Olivenöl oder MCT-Kokosöl
- Salz, Pfeffer

Tag 2–5: 250–300 kcal

Für 1 Portion • 291 kcal / 3,7 g P / 16,4 g KH / 24,4 g F

- 90 g Kirschtomaten
- 80 g Fruchtfleisch einer Wassermelone
- 70 g Fruchtfleisch einer grünen Avocado (Fuerte)
- 6–8 Basilikumblätter
- 10 g Macadamianüsse
- 10 ml Limettensaft (alternativ Zitronensaft)
- 7 g extra natives Olivenöl oder MCT-Kokosöl
- Salz, Pfeffer

1. Tomaten waschen und abtrocknen, dann halbieren oder in Viertel schneiden.
2. Wassermelonen- und Avocado-Fruchtfleisch würfeln.
3. Basilikumblätter abzupfen, waschen und abtrocknen, dann fein hacken.
4. Macadamianüsse ebenfalls hacken.
5. Alle Zutaten in einer Schüssel vermischen. Mit Salz und Pfeffer abschmecken und mindestens 10 Minuten ziehen lassen.

TIPP: Die Macadamianüsse kann man durch die gleiche Menge Pekannüsse ersetzen.

Nuss-Kokos-Müsli mit Himbeeren

Tag 1: 400–450 kcal

Für 1 Portion • 447 kcal / 7,6 g P / 7,5 g KH / 40,7 g F

60 g Himbeeren
100 ml cremige Kokosmilch
20 g Pekannüsse
10 g Leinsamen
5 g Kokosraspel

Tag 2–5: 250–300 kcal

Für 1 Portion • 295 kcal / 5 g P / 5,8 g KH / 26,2 g F

60 g Himbeeren
60 ml cremige Kokosmilch
15 g Pekannüsse
1–2 EL Wasser
5 g Leinsamen
3 g Kokosraspel

1. Himbeeren waschen und abtrocknen.
2. Die Hälfte der Beeren mit der Kokosmilch in einem Standmixer pürieren.
3. Pekannüsse fein mahlen bzw. zerkleinern.
4. Alle Zutaten bis auf die Himbeeren in einer kleinen Schüssel vermischen und mindestens 10 Minuten quellen lassen.
5. Dann das Müsli noch mal gut durchrühren und mit den restlichen Himbeeren belegen.

TIPPS: Anstatt Himbeeren kann man auch Heidel- oder Erdbeeren in der gleichen Menge verwenden.
Die Macadamianüsse lassen sich durch die gleiche Menge Pekannüsse ersetzen und Leinsamen durch Chiasamen.
An Tag 2 wird die Kokosmilch reduziert und durch ein paar EL Wasser ersetzt.

Avocado-Schoko-Mousse mit Himbeeren

Tag 1: 400–450 kcal

Für 1 Portion • 427 kcal / 7,6 g P / 16,1g KH / 37,2 g F

140 g Fruchtfleisch einer grünen Avocado (Fuerte)
ein paar Spritzer Zitronensaft
10 g Backkakao
1 Msp. gemahlene Vanille
50 g Himbeeren
20 g Pekannüsse

Tag 2–5: 250–300 kcal

Für 1 Portion • 279 kcal / 5,1 g P / 12 g KH / 23,5 g F

100 g Fruchtfleisch einer grünen Avocado (Fuerte)
ein paar Spritzer Zitronensaft
7 g Backkakao
1 Msp. gemahlene Vanille
50 g Himbeeren
10 g Pekannüsse

1. Avocado-Fruchtfleisch mit Zitronensaft, Backkakao und Vanille in einem Standmixer pürieren.
2. Himbeeren waschen und abtrocknen.
3. Pekannüsse klein hacken.
4. Avocado-Schoko-Mousse in eine Schüssel oder Schale geben, Himbeeren und Pekannüsse darüber verteilen.

TIPPS: Mit ein paar frischen Minzblättern genießen. Anstatt Himbeeren eignen sich auch andere Beeren wie Heidel- oder Erdbeeren in der gleichen Menge. Als Ersatz für Pekannüsse einfach die gleiche Menge Macadamianüsse verwenden.

Wassermelonen-Tomaten-Gazpacho

Tag 1: 400–450 kcal

Für 1 Portion • 403 kcal / 5,1 g P / 28 g KH / 28,8 g F

300 g Tomaten
½ rote Chilischote (optional)
100 g Salatgurke
200 g Fruchtfleisch einer Wassermelone
1 EL Kresse
1 EL Limettensaft
30 g extra natives Olivenöl oder MCT-Kokosöl
Salz, Pfeffer

Tag 2–5: 250–300 kcal

Für 1 Portion • 280 kcal / 5,1 g P / 28 g KH / 15,1 g F

300 g Tomaten
½ rote Chilischote (optional)
100 g Salatgurke
200 g Fruchtfleisch einer Wassermelone
1 EL Kresse
1 EL Limettensaft
15 g extra natives Olivenöl oder MCT-Kokosöl
Salz, Pfeffer

1. Tomaten kreuzförmig einritzen und das Grün entfernen. Mit kochendem Wasser übergießen, dann kalt abschrecken und die Haut abziehen. Fruchtfleisch der Tomaten grob würfeln.
2. Chilischote (sofern verwendet) und Gurke waschen und abtrocknen. Chilischote entkernen und in Ringe schneiden. Gurke und Wassermelone in grobe Würfel schneiden. Ca. 2 EL Gurkenwürfel und 2–3 Ringe Chili für das Topping beiseitelegen.
3. Kresse waschen und mit Küchenpapier abtrocknen.
4. Alle Zutaten bis auf die Kresse und das Topping in einem Standmixer pürieren. In eine Schüssel umfüllen und mit Salz und Pfeffer abschmecken. Mit Kresse und restlichen Gurkenwürfeln und Chiliringen bestreuen.

TIPP: Anstatt Gurke kann man auch die gleiche Menge Zucchini verwenden.

Gurken-Avocado-Smoothie

Tag 1: 400–450 kcal

Für 1 Portion • 428 kcal / 5,1 g P / 21,4 g KH / 39 g F

150 g Salatgurke
200 g Fruchtfleisch einer grünen Avocado (Fuerte)
1 kleiner Zweig Minze
10 g extra natives Olivenöl oder MCT-Kokosöl
Saft von ½ Limette
Salz, Pfeffer

Tag 2–5: 250–300 kcal

Für 1 Portion • 275 kcal / 3,7 g P / 15,4 g KH / 24,2 g F

150 g Salatgurke
130 g Fruchtfleisch einer grünen Avocado (Fuerte)
1 kleiner Zweig Minze
5 g extra natives Olivenöl oder MCT-Kokosöl
Saft von ½ Limette
Salz, Pfeffer

1. Gurke waschen und abtrocknen.
2. Gurke und Avocado-Fruchtfleisch grob würfeln.
3. Minze waschen und mit Küchenpapier abtrocknen. Einige Minzeblättchen und ein paar Gurkenwürfel für das Topping beiseitelegen.
4. Alle Zutaten bis auf das Topping in einem Standmixer pürieren.
5. Smoothie mit Salz und Pfeffer abschmecken, in ein Glas füllen und mit Minze und Gurkenwürfeln garnieren.

TIPP: Anstatt Minze kann man auch Basilikum oder Kresse verwenden.

Papaya-Tomaten-Salat

Tag 1: 400–450 kcal

Für 1 Portion • 444 kcal / 4,4 g P / 20,9 g KH / 34,5 g F

200 g Papaya
150 g Tomaten
15 g Pekannüsse
25 g extra natives Olivenöl
1 TL dunkler Balsamico
Salz, Pfeffer
1 Stängel Basilikum

Tag 2–5: 250–300 kcal

Für 1 Portion • 284 kcal / 3,9 g P / 20,7 g KH / 17,3 g F

200 g Papaya
150 g Tomaten
10 g Pekannüsse
10 g extra natives Olivenöl
1 TL dunkler Balsamico
Salz, Pfeffer
1 Stängel Basilikum

1. Papaya schälen, entkernen und Fruchtfleisch in Würfel schneiden.
2. Tomaten waschen, abtrocknen und würfeln.
3. Pekannüsse hacken bzw. zerkleinern.
4. Alle Zutaten bis auf das Basilikum in einer Schüssel vermischen, mit Salz und Pfeffer abschmecken und mindestens 5 Minuten durchziehen lassen.
5. Basilikumblätter abzupfen, waschen und fein hacken. Über den Salat streuen.

TIPP: Statt der Pekannüsse kann man die gleiche Menge Macadamianüsse nehmen.

Gefüllte Avocado

Tag 1: 400–450 kcal

Für 1 Portion • 409 kcal / 4,1 g P / 7,8 g KH / 40,9 g F

1 Avocado (Hass oder Fuerte, ca. 150 g)
50 g Kirschtomaten
50 g gelbe Paprikaschote
2 Stängel Petersilie
6 g extra natives Olivenöl
Saft von ½ Limette
Salz, Pfeffer

Tag 2–5: 250–300 kcal

Für 1 Portion • 294 kcal / 3,5 g P / 7,2 g KH / 28,4 g F

1 Avocado (Hass oder Fuerte, ca. 120 g)
50 g Kirschtomaten
50 g gelbe Paprikaschote
2 Stängel Petersilie
Saft von ½ Limette
Salz, Pfeffer

1. Avocado halbieren, entkernen und jede Hälfte aushöhlen, dabei einen Rand von ca. 0,8–1 cm Fruchtfleisch in der Schale belassen. Entnommenes Fruchtfleisch in Würfel schneiden.
2. Tomaten und Paprikaschote waschen. Tomaten halbieren oder kleiner schneiden. Paprikaschote entkernen und würfeln.
3. Petersilie waschen, trocken schütteln und klein zupfen oder hacken.
4. Avocado- und Paprikawürfel mit Tomaten, Petersilie, Öl (entfällt bei Tag 2–5) und Limettensaft in einer Schüssel vermischen. Mit Salz und Pfeffer abschmecken. Dann in die Avocadohälften einfüllen.

TIPP: Der Limettensaft kann auch durch Zitronensaft ersetzt werden.

Heidelbeer-Kokos-Traum

Tag 1: 400–450 kcal
Für 1 Portion • 425 kcal / 4,9 g P / 16,3 g KH / 35,7 g F

50 g frische Heidelbeeren
100 g TK-Heidelbeeren (ungezuckert)
120 ml cremige Kokosmilch
1 Msp. gemahlene Vanille
20 g Kokosraspel

Tag 2–5: 250–300 kcal
Für 1 Portion • 295 kcal / 3,4 g P / 13,2 g KH / 23,8 g F

40 g frische Heidelbeeren
90 g TK-Heidelbeeren (ungezuckert)
90 ml cremige Kokosmilch
1 Msp. gemahlene Vanille
10 g Kokosraspel

1. Frische Heidelbeeren waschen, verlesen und abtrocknen.
2. TK-Heidelbeeren, Kokosmilch, Vanille und 1 TL Kokosraspel in einem Standmixer pürieren.
3. In eine Schüssel oder Schale umfüllen, die frischen Heidelbeeren und die restlichen Kokosraspel darauf verteilen.

TIPPS: Mit ein paar frischen Minzblättern genießen. Anstatt Heidelbeeren kann man auch die gleiche Menge an anderen Beeren wic Himbeeren oder Erdbeeren verwenden.

HAUPTMAHLZEITEN

Suppen

Grundrezept Gemüsebrühe

2 Zwiebeln
2 Knoblauchzehen
1 Bund Petersilie
500 g Suppengemüse
(z. B. 1 Stück Knollensellerie, 2 Karotten, 1 Stück Lauch)
4 Pfefferkörner
3 Lorbeerblätter
2 TL Salz
2 l Wasser

1. Zwiebeln und Knoblauch abziehen und grob zerkleinern.
2. Petersilie waschen und kleiner zupfen.
3. Suppengemüse waschen, putzen und in grobe Stücke schneiden.
4. Alle Zutaten in einen großen Topf geben und ca. 50 Minuten bei niedriger Hitze köcheln lassen.
5. Dann Brühe durch ein Sieb in einen Behälter abgießen und die festen Bestandteile entfernen. Brühe abkühlen lassen, in verschließbare Flaschen oder Gläser füllen und im Kühlschrank lagern.

TIPPS: Die Brühe hält sich mindestens 1 Woche.
Man kann sie auch im Schnellkochtopf zubereiten. Dadurch verkürzt sich die Kochzeit um mindestens 30 Minuten. Dazu alle Zutaten in den Schnellkochtopf geben, Stufe 2 einstellen und vollen Druck aufbauen lassen. Temperatur auf mittlere Hitze reduzieren und Brühe bei stabilem Druck ca. 15 Minuten garen. Topf auf der ausgeschalteten Herdplatte langsam abdampfen lassen. Den Deckel abnehmen, wenn der Druck vollständig abgebaut ist.
Diese Gemüsebrühe lässt sich mit Gemüse nach Belieben sehr gut für die Scheinfastentage zubereiten. Sie hat einen dezenten Gemüsegeschmack und ist fettfrei. Man kann sie in den Rezepten verwenden oder auch zwischendurch erwärmen und löffeln, wenn sich der Hunger meldet.

Sellerie-Apfel-Suppe

Tag 1: 400–450 kcal

Für 1 Portion • 410 kcal / 6,6 g P / 24,2 g KH / 28,6 g F

350 g Knollensellerie
100 g Apfel, z. B. Boskop
50 g Schalotte
30 g extra natives Olivenöl oder MCT-Kokosöl
400 ml Gemüsebrühe (siehe S. 40) oder Wasser
Salz, Pfeffer
1 EL Apfelessig
1 Prise gemahlene Muskatnuss

Tag 2–5: 250–300 kcal

Für 1 Portion • 287 kcal / 6,6 g P / 24,2 g KH / 15 g F

350 g Knollensellerie
100 g Apfel, z. B. Boskop
50 g Schalotte
15 g extra natives Olivenöl oder MCT-Kokosöl
400 ml Gemüsebrühe (siehe S. 40) oder Wasser
Salz, Pfeffer
1 EL Apfelessig
1 Prise gemahlene Muskatnuss

1. Knollensellerie schälen und in Würfel schneiden. Apfel schälen, entkernen und ebenfalls würfeln. Schalotte abziehen und fein hacken.
2. Öl in einem Topf erhitzen und Schalotte darin 1 Minute andünsten.
3. Sellerie und Apfel hinzufügen und ca. 3 Minuten mitdünsten.
4. Gemüsebrühe oder Wasser, Salz und Pfeffer hinzufügen und die Suppe ca. 25 Minuten köcheln lassen, bis der Sellerie weich ist.
5. Suppe mit dem Stabmixer pürieren, mit Essig, Salz und Pfeffer abschmecken und mit Muskatnuss bestreuen.

TIPP: Falls Sie die Suppe etwas dünner haben möchten, einfach noch etwas mehr Gemüsebrühe oder Wasser mitpürieren, dann die Suppe weitere 1–2 Minuten erwärmen und evtl. etwas nachwürzen.

Brokkoli-Kokos-Suppe

Tag 1: 400–450 kcal

Für 1 Portion • 439 kcal / 13,6 g P / 11 g KH / 35,3 g F

300 g Brokkoli
30 g Schalotte
10 g extra natives Olivenöl oder MCT-Kokosöl
150 ml cremige Kokosmilch
200 ml Gemüsebrühe (siehe S. 40) oder Wasser
Salz, Pfeffer

Tag 2–5: 250–300 kcal

Für 1 Portion • 290 kcal / 10,7 g P / 8,7 g KH / 21,6 g F

250 g Brokkoli
30 g Schalotte
10 g extra natives Olivenöl oder MCT-Kokosöl
70 ml cremige Kokosmilch
200 ml Gemüsebrühe (siehe S. 40) oder Wasser
Salz, Pfeffer

1. Brokkoli putzen und in Röschen teilen, dann waschen und abtropfen lassen.
2. Schalotte abziehen und fein hacken.
3. Öl in einem Topf erhitzen und Schalotte darin 1 Minute andünsten. Dann Brokkoli hinzufügen und 2 Minuten mitdünsten.
4. Kokosmilch, Gemüsebrühe oder Wasser, Salz und Pfeffer hinzufügen und die Suppe 5–7 Minuten köcheln lassen, bis der Brokkoli weich ist.
5. Die Suppe mit dem Stabmixer pürieren und mit Salz und Pfeffer abschmecken.

TIPP: Falls Sie die Suppe etwas dünner haben möchten, einfach noch etwas Gemüsebrühe oder Wasser mitpürieren, dann die Suppe weitere 1–2 Minuten erwärmen und evtl. etwas nachwürzen.

Kohlrabi-Blumenkohl-Suppe

Tag 1: 400–450 kcal

Für 1 Portion • 424 kcal / 9,1 g P / 17 g KH / 33,4 g F

150 g Blumenkohl
300 g Kohlrabi
35 g extra natives Olivenöl oder MCT-Kokosöl
300 ml Gemüsebrühe (siehe S. 40) oder Wasser
½ TL Kurkumapulver
½ TL Currypulver
1 EL Apfelessig
Salz, Pfeffer

Tag 2–5: 250–300 kcal

Für 1 Portion • 260 kcal / 9,1 g P / 17 g KH / 15,2 g F

150 g Blumenkohl
300 g Kohlrabi
15 g extra natives Olivenöl oder MCT-Kokosöl
300 ml Gemüsebrühe (siehe S. 40) oder Wasser
½ TL Kurkumapulver
½ TL Currypulver
1 EL Apfelessig
Salz, Pfeffer

1. Blumenkohl putzen und in kleine Röschen schneiden, dann waschen und abtropfen lassen.
2. Kohlrabi waschen, putzen und klein würfeln.
3. Öl in einem Topf erhitzen und Kohlrabi darin 1 Minute andünsten. Dann Blumenkohl hinzufügen und 2 Minuten mitdünsten.
4. Gemüsebrühe oder Wasser und Gewürze hinzufügen, alles durchrühren und die Suppe ca. 10 Minuten köcheln lassen, bis das Gemüse weich ist.
5. Apfelessig einrühren, dann die Suppe mit dem Stabmixer nach Belieben ganz oder nur teilweise pürieren und mit Salz und Pfeffer abschmecken.

TIPP: Falls Sie die Suppe etwas dünner haben möchten, einfach noch etwas Gemüsebrühe oder Wasser mitpürieren, dann die Suppe weitere 1–2 Minuten erwärmen und evtl. etwas nachwürzen.

Weißkohlsuppe

Tag 1: 400–450 kcal

Für 1 Portion • 430 kcal / 5,5 g P / 24 g KH / 32,8 g F

200 g Weißkohl
100 g rote Paprikaschote
100 g Karotte
30 g Schalotte
35 g extra natives Olivenöl oder MCT-Kokosöl
7 g Tomatenmark
600 ml Gemüsebrühe (siehe S. 40) oder Wasser
Salz, Pfeffer

Tag 2–5: 250–300 kcal

Für 1 Portion • 284 kcal / 4,8 g P / 20,1 g KH / 19 g F

180 g Weißkohl
80 g rote Paprikaschote
80 g Karotte
30 g Schalotte
20 g extra natives Olivenöl oder MCT-Kokosöl
5 g Tomatenmark
500 ml Gemüsebrühe (siehe S. 40) oder Wasser
Salz, Pfeffer

1. Weißkohl putzen und waschen.
2. Paprikaschote und Karotte putzen und waschen.
3. Weißkohl, Paprikaschote und Karotte in feine Streifen schneiden oder hobeln.
4. Schalotte abziehen und fein hacken.
5. Öl und Tomatenmark unter Rühren in einem Topf erhitzen. Dann Gemüsestreifen und Schalotte hinzufügen und 4–5 Minuten dünsten.
6. Mit Gemüsebrühe oder Wasser ablöschen und mit Salz und Pfeffer würzen. Die Suppe 20–25 Minuten bei mittlerer Hitze garen, bis das Gemüse weich ist. Mit Salz und Pfeffer abschmecken.

TIPP: Falls Sie die Suppe etwas dünner haben möchten oder zu viel Flüssigkeit verdampft ist, einfach noch etwas Gemüsebrühe oder Wasser zugießen und erwärmen.

Blumenkohl-Karotten-Suppe

Tag 1: 400–450 kcal

Für 1 Portion • 425 kcal / 8 g P / 16,6 g KH / 33,3 g F

350 g Blumenkohl
100 g Karotte
2 Stängel Petersilie
35 g extra natives Olivenöl oder MCT-Kokosöl
400 ml Gemüsebrühe (siehe S. 40) oder Wasser
½ TL Kurkumapulver
Salz, Pfeffer

Tag 2–5: 250–300 kcal

Für 1 Portion • 261 kcal / 8 g P / 16,6 g KH / 15,1 g F

350 g Blumenkohl
100 g Karotte
2 Stängel Petersilie
15 g extra natives Olivenöl oder MCT-Kokosöl
400 ml Gemüsebrühe (siehe S. 40) oder Wasser
½ TL Kurkumapulver
Salz, Pfeffer

1. Blumenkohl putzen und in Röschen teilen, dann waschen und abtropfen lassen.
2. Karotte putzen und waschen. Dann in Scheiben und danach evtl. noch etwas kleiner schneiden.
3. Petersilie waschen, trocken schütteln und hacken.
4. Öl in einem Topf erhitzen und Karotte darin 1 Minute andünsten. Blumenkohl hinzufügen und ca. 3 Minuten mitdünsten.
5. Restliche Zutaten hinzufügen und die Suppe 5–7 Minuten köcheln lassen, bis der Blumenkohl weich ist. Mit Salz und Pfeffer abschmecken.

TIPPS: Die Suppe kann man nach Belieben auch mit dem Stabmixer pürieren. Falls Sie etwas mehr Flüssigkeit in der Suppe haben möchte, einfach etwas mehr Gemüsebrühe oder Wasser hinzufügen und die Suppe noch mal kurz aufkochen lassen.

Tomaten-Zucchini-Suppe

Tag 1: 400–450 kcal
Für 1 Portion • 422 kcal / 7,3 g P / 18,3 g KH / 33,1 g F

150 g Zucchini
50 g Cocktailtomaten
30 g Schalotte
35 g extra natives Olivenöl oder MCT-Kokosöl
400 g gehackte Tomaten aus der Dose
100 ml Gemüsebrühe (siehe S. 40) oder Wasser
½ TL getrockneter Rosmarin
Salz, Pfeffer

Tag 2–5: 250–300 kcal
Für 1 Portion • 258 kcal / 7,3 g P / 18,3 g KH / 14,9 g F

150 g Zucchini
50 g Cocktailtomaten
30 g Schalotte
15 g extra natives Olivenöl oder MCT-Kokosöl
400 g gehackte Tomaten aus der Dose
100 ml Gemüsebrühe (siehe S. 40) oder Wasser
½ TL getrockneter Rosmarin
Salz, Pfeffer

1. Zucchini und Tomaten waschen, putzen und in kleine Stücke schneiden.
2. Schalotte abziehen und fein hacken.
3. Öl in einen Topf geben und Schalotte darin 1 Minute andünsten. Zucchini und Tomaten hinzufügen und ca. 3 Minuten mitdünsten.
4. Dann gehackte Tomaten, Gemüsebrühe oder Wasser, Rosmarin und Salz und Pfeffer hinzufügen. Die Suppe 5–7 Minuten köcheln lassen, bis das Gemüse weich ist. Mit Salz und Pfeffer abschmecken.

TIPP: Wer möchte, kann die Suppe auch ganz oder teilweise mit dem Stabmixer pürieren.

HAUPTMAHLZEITEN

Salate

Brokkoli-Rohkost-Salat

Tag 1: 400–450 kcal
Für 1 Portion • 424 kcal / 15 g P / 23 g KH / 26,9 g F

300 g Brokkoli
100 g rote Paprikaschote
½ Apfel, z. B. Royal Gala (ca. 70 g)
15 g Pekannüsse
15 g extra natives Olivenöl oder MCT-Kokosöl
20 ml Apfelessig
50 ml Wasser
½ TL Dijonsenf
Salz, Pfeffer

Tag 2–5: 250–300 kcal
Für 1 Portion • 271 kcal / 12 g P / 21,1 g KH / 12,6 g F

250 g Brokkoli
100 g rote Paprikaschote
½ Apfel, z. B. Royal Gala (ca. 70 g)
7 g Pekannüsse
6 g extra natives Olivenöl oder MCT-Kokosöl
15 ml Apfelessig
40 ml Wasser
¼ TL Dijonsenf
Salz, Pfeffer

1. Gemüse und Apfel waschen und abtrocknen.
2. Brokkoli in Röschen teilen, Paprikaschote putzen und Apfel entkernen. Dann Brokkoli, Paprikaschote, Apfel und Pekannüsse hacken bzw. mit einer Küchenmaschine zerkleinern. In eine Schüssel umfüllen.
3. Öl, Essig, Wasser, Senf, Salz und Pfeffer in einer kleinen Schüssel verrühren und dann mit den Salatzutaten vermischen. Salat mindestens 15 Minuten durchziehen lassen. Mit Salz und Pfeffer abschmecken.

TIPPS: Nach Belieben noch etwas mehr Wasser hinzufügen, wenn der Salat saftiger sein soll. Der Salat darf auch gerne etwas länger durchziehen.

Karotten-Nuss-Salat

Tag 1: 400–450 kcal
Für 1 Portion • 434 kcal / 3,8 g P / 14,8 g KH / 37,6 g F

200 g Karotten
20 g Pekannüsse
25 g extra natives Olivenöl oder MCT-Kokosöl
20 ml Apfelessig
2–3 EL Wasser
Salz, Pfeffer

Tag 2–5: 250–300 kcal
Für 1 Portion • 293 kcal / 2,9 g P / 14,4 g KH / 22,7 g F

200 g Karotten
12 g Pekannüsse
15 g extra natives Olivenöl oder MCT-Kokosöl
20 ml Apfelessig
2–3 EL Wasser
Salz, Pfeffer

1. Karotten putzen, schälen, dann fein stifteln oder raspeln.
2. Pekannüsse hacken bzw. fein zerkleinern.
3. Alle Zutaten in einer Schüssel vermischen und mindestens 10 Minuten ziehen lassen.

TIPPS: Falls der Salat saftiger sein soll, einfach noch 1 EL Wasser und Apfelessig hinzufügen. Die Pekannüsse kann man durch die gleiche Menge Macadamianüsse ersetzen.

Bunter Salat mit Oliven

Tag 1: 400–450 kcal

Für 1 Portion • 434 kcal / 5,2 g P / 17,7 g KH / 36,3 g F

1 rote Paprikaschote (ca. 150 g)
150 g Salatgurke
1 Tomate (ca. 100 g)
½ rote Zwiebel
3 Stängel Petersilie
30 g extra natives Olivenöl oder MCT-Kokosöl
20 ml Apfelessig
30 g schwarze Kalamata-Oliven (ohne Stein, in Wasser)
Salz, Pfeffer

Tag 2–5: 250–300 kcal

Für 1 Portion • 279 kcal / 5 P / 17,6 g KH / 19,4 g F

1 rote Paprikaschote (ca. 150 g)
150 g Salatgurke
1 Tomate (ca. 100 g)
½ rote Zwiebel
3 Stängel Petersilie
15 g extra natives Olivenöl oder MCT-Kokosöl
20 ml Apfelessig
17 g schwarze Kalamata-Oliven (ohne Stein, in Wasser)
Salz, Pfeffer

1. Gemüse waschen und abtrocknen. Paprikaschote putzen und zusammen mit Gurke und Tomate in Würfel schneiden.
2. Zwiebel abziehen und in Ringe schneiden.
3. Petersilie waschen, trocken schütteln und kleiner zupfen oder hacken.
4. Alle Zutaten in einer Schüssel vermischen, mit Salz und Pfeffer abschmecken und mindestens 5 Minuten durchziehen lassen.

TIPP: Die Oliven kann man durch 10 g (Tag 1) bzw. 5 g (Tag 2–5) Macadamia- oder Pekannüsse ersetzen.

Gerösteter Blumenkohlsalat

Tag 1: 400–450 kcal

Für 1 Portion • 439 kcal / 11,8 g P / 10 g KH / 36,8 g F

350 g Blumenkohl
80 g Blattspinat
30 g extra natives Olivenöl oder MCT-Kokosöl
15 g Mandelsplitter
Salz, Pfeffer

Tag 2–5: 250–300 kcal

Für 1 Portion • 286 kcal / 10,8 g P / 9,7 g KH / 20,4 g F

350 g Blumenkohl
80 g Blattspinat
15 g extra natives Olivenöl oder MCT-Kokosöl
10 g Mandelsplitter
Salz, Pfeffer

1. Blumenkohl putzen und in Röschen teilen, dann waschen und abtropfen lassen.
2. Blattspinat verlesen, waschen und abtropfen lassen bzw. trocken schleudern.
3. 10 g Öl in einer Pfanne erhitzen und die Blumenkohlröschen darin 3–4 Minuten bei mittlerer Hitze andünsten.
4. Mandelsplitter hinzufügen und 1–2 Minuten unter Rühren mitdünsten.
5. Blattspinat und restliches Öl einrühren, den Herd ausstellen und die Pfanne noch 1 Minute auf dem Herd stehen lassen.
6. Salat in eine Schüssel umfüllen, gut durchmischen und mit Salz und Pfeffer abschmecken.

TIPP: Die Mandelsplitter können Sie durch 12 g (Tag 1) bzw. 8 g (Tag 2–5) Macadamia- oder Pekannüsse ersetzen.

Chinakohl-Radieschen-Salat

Tag 1: 400–450 kcal

Für 1 Portion • 427 kcal / 4,8 g P / 7,2 g KH / 40,5 g F

250 g Chinakohl
60 g Salatgurke
100 g Radieschen
¼ Bund Dill
¼ Bund Schnittlauch
30 g schwarze Kalamata-Oliven (ohne Stein, in Wasser)
35 g extra natives Olivenöl oder MCT-Kokosöl
2 EL Apfelessig
1–3 EL Wasser
Salz, Pfeffer

Tag 2–5: 250–300 kcal

Für 1 Portion • 267 kcal / 3,9 g P / 6,4 g KH / 23,7 g F

200 g Chinakohl
60 g Salatgurke
100 g Radieschen
¼ Bund Dill
¼ Bund Schnittlauch
25 g extra natives Olivenöl oder MCT-Kokosöl
2 EL Apfelessig
1–3 EL Wasser
Salz, Pfeffer

1. Chinakohl putzen, waschen und in feine Streifen schneiden.
2. Gurke und Radieschen waschen und abtrocknen. Gurke evtl. schälen, erst in Scheiben, dann in Viertel schneiden. Radieschen putzen, halbieren und in Scheiben schneiden.
3. Kräuter waschen, trocken schütteln und fein hacken bzw. in Röllchen schneiden.
4. Oliven in Scheiben schneiden (nur bei Tag 1).
5. Alle Zutaten in eine Schüssel geben und gut durchmischen.

TIPP: Die Oliven an Tag 1 können Sie durch 10 g Macadamia- oder Pekannüsse ersetzen.

Kohlrabi-Karotten-Salat

Tag 1: 400–450 kcal
Für 1 Portion • 428 kcal / 6,2 g P / 18,5 g KH / 34,3 g F

200 g Kohlrabi
150 g Karotten
35 g extra natives Olivenöl oder MCT-Kokosöl
Salz, Pfeffer
20 ml Apfelessig
½ TL Dijonsenf
2–3 EL Wasser

Tag 2–5: 250–300 kcal
Für 1 Portion • 263 kcal / 6,2 g P / 18,5 g KH / 16,1 g F

200 g Kohlrabi
150 g Karotten
15 g extra natives Olivenöl oder MCT-Kokosöl
Salz, Pfeffer
20 ml Apfelessig
½ TL Dijonsenf
2–3 EL Wasser

1. Kohlrabi und Karotten waschen, abtrocknen, putzen und mit einem Hobel oder einer Küchenmaschine fein stifteln. In eine Schüssel geben.
2. Öl, Salz, Pfeffer, Essig, Senf und Wasser in einer kleinen Schüssel verrühren und über das Gemüse gießen. Salat gut durchmischen, noch mal mit Salz und Pfeffer abschmecken und mindestens 20 Minuten ziehen lassen.

TIPP: Falls der Salat saftiger sein soll, 1–2 EL Wasser und 1 EL Apfelessig hinzufügen.

HAUPTMAHLZEITEN

Aus Pfanne und Topf

Zucchini-Lauch-Pfanne

Tag 1: 400–450 kcal

Für 1 Portion • 411 kcal / 9,1 g P / 13 g KH / 35,6 g F

- 350 g Zucchini
- 100 g Lauch
- 25 g extra natives Olivenöl oder MCT-Kokosöl
- 1 TL getrocknetes oder 1 EL frisch gehacktes Basilikum
- 1 EL Apfelessig
- Salz, Pfeffer
- 15 g Macadamianüsse

Tag 2–5: 250–300 kcal

Für 1 Portion • 293 kcal / 8,7 g P / 12,8 g KH / 22,8 g F

- 350 g Zucchini
- 100 g Lauch
- 15 g extra natives Olivenöl oder MCT-Kokosöl
- 1 TL getrocknetes oder 1 EL frisch gehacktes Basilikum
- 1 EL Apfelessig
- Salz, Pfeffer
- 10 g Macadamianüsse

1. Zucchini waschen, abtrocknen, putzen und in kleine Stücke schneiden.
2. Lauch waschen, putzen und in feine Röllchen schneiden.
3. Öl in einer Pfanne erhitzen und den Lauch darin 1 Minute andünsten. Dann Zucchini und Basilikum hinzufügen und das Gemüse in 5–7 Minuten weich garen. Evtl. noch 1–3 EL Wasser zum Dünsten mit in die Pfanne geben.
4. Essig hinzufügen und mit Salz und Pfeffer abschmecken.
5. Macadamianüsse fein mahlen bzw. zerkleinern und über die Zucchini-Lauch-Pfanne streuen.

TIPPS: Die Macadamianüsse kann man durch die gleiche Menge Pekannüsse ersetzen.
Anstatt Lauch eignen sich auch 130 g Champignons oder 120 g Fenchel.

Champignon-Spargel-Pfanne

Tag 1: 400–450 kcal

Für 1 Portion • 431 kcal / 10,2 g P / 6,6 g KH / 39,1 g F

150 g grüner Spargel
200 g (braune) Champignons
30 g Schalotte
1 Knoblauchzehe
3 Stängel frische Petersilie
30 g extra natives Olivenöl oder MCT-Kokosöl
3–5 EL Wasser
Salz, Pfeffer
15 g Macadamianüsse

Tag 2–5: 250–300 kcal

Für 1 Portion • 272 kcal / 9,9 g P / 6,4 g KH / 21,8 g F

150 g grüner Spargel
200 g (braune) Champignons
30 g Schalotte
1 Knoblauchzehe
3 Stängel frische Petersilie
15 g extra natives Olivenöl oder MCT-Kokosöl
3–5 EL Wasser
Salz, Pfeffer
10 g Macadamianüsse

1. Spargel waschen, abtrocknen, das untere Drittel schälen und die holzigen Enden abschneiden. Pilze putzen und vierteln oder in Scheiben schneiden.
2. Schalotte und Knoblauch abziehen und fein hacken.
3. Petersilie waschen, trocken schütteln und kleiner zupfen oder hacken.
4. 15 g Öl in einer Pfanne erhitzen und Schalotte darin ca. 1 Minute andünsten. Champignons hinzufügen und 5 Minuten kräftig anbraten, dann aus der Pfanne nehmen.
5. Restliches Öl (nur bei Tag 1) in die Pfanne geben, Knoblauch und Spargel hinzufügen und 2–3 Minuten unter Schwenken andünsten. Wasser hinzufügen und den Deckel auf die Pfanne geben. Spargel bei mittlerer Hitze 5–10 Minuten dünsten, bis er bissfest gegart ist.
6. Nun Pilze und Petersilie hinzufügen, alles verrühren und nochmals 2 Minuten garen. Mit Salz und Pfeffer abschmecken.
7. Macadamianüsse zerkleinern und über die Champignon-Spargel-Pfanne streuen.

TIPP: Die Macadamianüsse kann man durch die gleiche Menge Pekannüsse ersetzen.

Selleriestampf mit gebratenen Champignons

Tag 1: 400–450 kcal

Für 1 Portion • 431 kcal / 15,5 g P / 13,4 g KH / 29,5 g F

400 g Knollensellerie
300 g (braune) Champignons
30 g Schalotte
1 Knoblauchzehe
3 Stängel Petersilie
30 g extra natives Olivenöl oder MCT-Kokosöl
Salz, Pfeffer

Tag 2–5: 250–300 kcal

Für 1 Portion • 283 kcal / 15,5 g P / 13,4 g KH / 13,1 g F

400 g Knollensellerie
300 g (braune) Champignons
30 g Schalotte
1 Knoblauchzehe
3 Stängel Petersilie
12 g extra natives Olivenöl oder MCT-Kokosöl
Salz, Pfeffer

1. Sellerie putzen, schälen und in Würfel schneiden. In einem Topf mit Salzwasser in 15–20 Minuten weich kochen.
2. Währenddessen Pilze putzen und in Scheiben schneiden.
3. Schalotte und Knoblauch abziehen und fein hacken.
4. Petersilie waschen, trocken schütteln und kleiner zupfen oder hacken.
5. Öl in einer Pfanne erhitzen und Schalotte darin ca. 1 Minute andünsten. Knoblauch und Champignons hinzufügen und 5 Minuten kräftig anbraten. Petersilie hinzufügen, 1 Minute anrösten, dann alles mit Salz und Pfeffer abschmecken.
6. Sellerie in ein Sieb abgießen, wieder in den Topf geben und mit einem Kartoffelstampfer zerdrücken. Mit Salz und Pfeffer würzen.
7. Selleriestampf mit den gebratenen Champignons genießen.

TIPP: Man kann statt Selleriestampf auch Kohlrabistampf kochen. Dazu einfach Kohlrabi in der gleichen Menge verwenden.

Kohlrabinudeln mit Karotten-Sellerie-Bolognese

Tag 1: 400–450 kcal

Für 1 Portion • 432 kcal / 10,3 g P / 24,6 g KH / 28,6 g F

- 300 g Kohlrabi
- 100 g Knollensellerie
- 60 g Karotten
- 30 g Schalotte
- 30 g extra natives Olivenöl oder MCT-Kokosöl
- 200 g gehackte Tomaten aus der Dose
- Salz, Pfeffer

Tag 2–5: 250–300 kcal

Für 1 Portion • 267 kcal / 10,3 g P / 24,6 g KH / 10,4 g F

- 300 g Kohlrabi
- 100 g Knollensellerie
- 60 g Karotten
- 30 g Schalotte
- 10 g extra natives Olivenöl oder MCT-Kokosöl
- 200 g gehackte Tomaten aus der Dose
- Salz, Pfeffer

1. Kohlrabi putzen, schälen und mit einem Spiralschneider zu dünnen Nudeln schneiden oder alternativ mit einem Sparschäler in Bandnudel-Form bringen.
2. Sellerie und Karotten putzen, schälen und in sehr feine Würfel schneiden.
3. Schalotte abziehen und fein hacken.
4. Salzwasser in einem Topf zum Kochen bringen und die Kohlrabinudeln darin in 5–8 Minuten (abhängig von der Form und Dicke der Kohlrabinudeln) weich kochen.
5. Währenddessen Öl in einem Topf erhitzen und Schalotte darin kurz andünsten.
6. Sellerie und Karotten hinzufügen und ca. 3 Minuten mitdünsten.
7. Gehackte Tomaten, Salz und Pfeffer hinzufügen und 5–7 Minuten garen, dabei gelegentlich umrühren.
8. Kohlrabinudeln auf einen Teller geben und Karotten-Sellerie-Bolognese darauf verteilen. Oder Kohlrabinudeln in der Pfanne mit der Bolognese vermischen.

TIPP: Anstatt Kohlrabinudeln kann man z. B. Nudeln aus der gleichen Menge an Zucchini schneiden. Die Nährwerte ändern sich dann (Tag 1: 405 kcal / 9,3 g P /20,1 g KH / 29,2 g F; ab Tag 2: 241 kcal / 9,3 g P / 20,1 g KH / 11 g F).

Gemüsecurry mit Blumenkohl, Zucchini und Chilischote

Tag 1: 400–450 kcal

Für 1 Portion • 441 kcal / 10,4 g P / 16,5 g KH / 35,3 g F

250 g Blumenkohl
150 g Zucchini
1 kleine rote Chilischote (optional)
10 g extra natives Olivenöl oder MCT-Kokosöl
130 ml cremige Kokosmilch
½ TL Kurkumapulver
½ TL Currypulver
Salz, Pfeffer

Tag 2–5: 250–300 kcal

Für 1 Portion • 291 kcal / 6,7 g P /10,6 g KH / 23,5 g F

180 g Blumenkohl
90 g Zucchini
½ kleine rote Chilischote (optional)
10 g extra natives Olivenöl oder MCT-Kokosöl
70 ml cremige Kokosmilch
¼ TL Kurkumapulver
¼ TL Currypulver
4–5 EL Wasser oder Gemüsebrühe (siehe S. 40)
Salz, Pfeffer

1. Blumenkohl putzen und in Röschen teilen, dann waschen und abtropfen lassen.
2. Zucchini und Chilischote (sofern verwendet) waschen, putzen und abtrocknen. Zucchini erst in Scheiben und dann in Viertel schneiden. Chilischote entkernen und in kleine Stücke schneiden.
3. Öl in einer Pfanne auf mittlerer Stufe erhitzen. Blumenkohl, Zucchini und Chili hinzufügen und unter Rühren 2–3 Minuten andünsten. Dann Kokosmilch und Gewürze hinzufügen (für die Tage 2–5 noch Wasser oder Gemüsebrühe einrühren).
4. Gemüse in 5–8 Minuten weich garen und mit Salz und Pfeffer abschmecken.

TIPP: Ab Tag 2 wird die Kokosmilch reduziert und durch ein paar EL Wasser oder Gemüsebrühe ersetzt.

Blumenkohl-Taboulé

Tag 1: 400–450 kcal

Für 1 Portion • 423 kcal / 11,9 g P / 17,8 g KH / 30,1 g F

- 450 g Blumenkohl
- 80 g Kirschtomaten
- 100 g Salatgurke
- 30 g frische Petersilie
- 30 g extra natives Olivenöl oder MCT-Kokosöl
- 20 ml Zitronensaft
- Salz, Pfeffer
- ½ TL gemahlener Kreuzkümmel

Tag 2–5: 250–300 kcal

Für 1 Portion • 279 kcal / 7,8 g P / 11,6 g KH / 20,1 g F

- 300 g Blumenkohl
- 50 g Kirschtomaten
- 60 g Salatgurke
- 20 g frische Petersilie
- 20 g extra natives Olivenöl oder MCT-Kokosöl
- 10 ml Zitronensaft
- Salz, Pfeffer
- ¼ TL gemahlener Kreuzkümmel

1. Blumenkohl putzen, waschen und in der Küchenmaschine zu Reiskorngröße zerkleinern.
2. Tomaten und Gurke waschen, putzen und abtrocknen. Tomaten in Viertel zerteilen, Gurke erst in Scheiben schneiden und diese dann vierteln.
3. Petersilie waschen, trocken schütteln und fein hacken.
4. Die Hälfte des Öls in eine Pfanne geben und auf mittlerer Stufe erhitzen. Blumenkohl hinzufügen und in 3–4 Minuten bissfest garen. Evtl. noch 1–2 EL Wasser zum Dünsten in die Pfanne geben. Den Herd ausschalten.
5. Das restliche Öl in einer Schüssel mit dem Zitronensaft verrühren und die restlichen Zutaten hinzufügen. Alles gut durchmischen und mit Salz, Pfeffer und Kreuzkümmel abschmecken.

TIPPS: Nach Belieben mit ein paar Zitronenzesten (Bio-Zitrone) garnieren. Petersilie kann man z. B. durch Basilikum ersetzen.

Brokkoli-Champignon-Curry

Tag 1: 400–450 kcal

Für 1 Portion • 435 kcal / 16,1 g P / 19,8 g KH / 29,2 g F

- 250 g Brokkoli
- 100 g Champignons
- 70 g Karotte
- 30 g Schalotte
- 1 Knoblauchzehe
- 6 g extra natives Olivenöl oder MCT-Kokosöl
- 120 ml cremige Kokosmilch
- ½ TL Kurkumapulver
- ½ TL Currypulver
- Salz, Pfeffer

Tag 2–5: 250–300 kcal

Für 1 Portion • 298 kcal / 12,9 g P / 15,4 g KH / 17,8 g F

- 200 g Brokkoli
- 100 g Champignons
- 50 g Karotte
- 30 g Schalotte
- 1 Knoblauchzehe
- 5 g extra natives Olivenöl oder MCT-Kokosöl
- 65 ml cremige Kokosmilch
- 2–3 EL Gemüsebrühe (S. 40) oder Wasser
- ½ TL Kurkumapulver
- ½ TL Currypulver
- Salz, Pfeffer

1. Brokkoli putzen und in Röschen teilen, dann waschen und abtropfen lassen.
2. Champignons putzen und in Scheiben schneiden.
3. Karotte waschen, abtrocknen, putzen und ebenfalls in Scheiben schneiden.
4. Schalotte und Knoblauch abziehen und fein hacken.
5. Öl in einem Topf erhitzen und Schalotte und Knoblauch darin 1 Minute andünsten. Dann Pilze hinzufügen und 3 Minuten braten.
6. Die restlichen Zutaten hinzufügen und 5–7 Minuten bei mittlerer Hitze köcheln lassen.
7. Curry mit Salz und Pfeffer abschmecken.

TIPP: Ab Tag 2 wird die Kokosmilch reduziert und durch ein paar EL Wasser oder Gemüsebrühe ersetzt.

Gekochter Blumenkohl mit Brokkolipesto

Tag 1: 400–450 kcal

Für 1 Portion • 445 kcal / 12,9 g P / 12,8 g KH / 35 g F

300 g Blumenkohl
150 g Brokkoli
1 Knoblauchzehe
15 g Macadamianüsse
25 g extra natives Olivenöl oder MCT-Kokosöl
1 TL Zitronensaft
1 EL frisch gehacktes Basilikum (ca. 5 g)
Salz, Pfeffer

Tag 2–5: 250–300 kcal

Für 1 Portion • 277 kcal / 9,4 g P / 10 g KH / 19,8 g F

250 g Blumenkohl
100 g Brokkoli
1 Knoblauchzehe
7 g Macadamianüsse
15 g extra natives Olivenöl oder MCT-Kokosöl
1 TL Zitronensaft
1 EL frisch gehacktes Basilikum (ca. 5 g)
Salz, Pfeffer

1. Blumenkohl und Brokkoli putzen und in Röschen teilen, dann waschen und in 2 Töpfen mit kochendem Salzwasser jeweils bissfest garen. Das dauert ca. 5–8 Minuten.
2. Währenddessen Knoblauch abziehen und zusammen mit den Macadamianüssen grob hacken.
3. Blumenkohl nach dem Garen durch ein Sieb abgießen, zurück in den Topf geben und zum Warmhalten einen Deckel daraufsetzen.
4. Brokkoli in ein Sieb abgießen, mit kaltem Wasser abschrecken und mit Küchenpapier trocken tupfen. Dann zusammen mit Knoblauch, Nüssen, Öl, Zitronensaft, Basilikum und Salz und Pfeffer in einer Küchenmaschine oder einem Standmixer zerkleinern. Nach Belieben etwas stückiger belassen oder fein pürieren.
5. Blumenkohl auf einen Teller geben, Brokkolipesto darüber verteilen. Oder Pesto im Topf mit dem Blumenkohl mischen und bei niedriger Hitze unter Rühren erwärmen.

TIPP: Nach Belieben etwas Gemüsebrühe (S. 40) oder Wasser mitpürieren (Schritt 4), wenn das Pesto flüssiger sein soll.

Wirsing-Champignon-Pfanne

Tag 1: 400–450 kcal
Für 1 Portion • 411 kcal / 11,7 g P / 9,8 g KH / 33,3 g F

150 g Wirsing
200 g (braune) Champignons
30 g Schalotte
60 g Lauchzwiebeln
35 g extra natives Olivenöl oder MCT-Kokosöl
1 TL Tomatenmark
2–3 EL Gemüsebrühe (S. 40) oder Wasser
Salz, Pfeffer

Tag 2–5: 250–300 kcal
Für 1 Portion • 288 kcal / 11,7 g P / 9,8 g KH / 19,6 g F

150 g Wirsing
200 g (braune) Champignons
30 g Schalotte
60 g Lauchzwiebeln
20 g extra natives Olivenöl oder MCT-Kokosöl
1 TL Tomatenmark
2–3 EL Gemüsebrühe (S. 40) oder Wasser
Salz, Pfeffer

1. Wirsing in Streifen schneiden, waschen und gut abtropfen lassen. Champignons putzen und in Scheiben schneiden. Schalotte abziehen und fein hacken. Lauchzwiebeln putzen, waschen und in Röllchen schneiden.
2. Öl und Tomatenmark in einer Pfanne erhitzen, Schalotte hinzufügen und ca. 1 Minute andünsten. Dann Wirsing und Wasser hinzufügen und 3 Minuten dünsten.
3. Evtl. zum Dünsten noch esslöffelweise Gemüsebrühe oder Wasser hinzufügen.
4. Lauchzwiebeln und Champignons zugeben und bei mittlerer Hitze unter Rühren ca. 10 Minuten garen. Evtl. zum Dünsten noch esslöffelweise Gemüsebrühe oder Wasser hinzufügen. Mit Salz und Pfeffer abschmecken.

TIPP: 150 g Wirsing kann man in den Rezepten durch jeweils 300 g Chinakohl ersetzen.

Gefüllte Champignons mit Avocado-Dip

Tag 1: 400–450 kcal

Für 1 Portion • 434 kcal / 14,7 g P / 18 g KH / 32,4 g F

- 400 g große (braune) Champignons
- 15 g extra natives Olivenöl oder MCT-Kokosöl
- Salz, Pfeffer
- 1 Zwiebel (ca. 60 g)
- 50 g Kirschtomaten
- 120 g Fruchtfleisch einer grünen Avocado (Fuerte)
- 2 TL Limetten- oder Zitronensaft
- 2 Stängel Petersilie
- 2-3 EL Gemüsebrühe (S. 40) oder Wasser

Tag 2–5: 250–300 kcal

Für 1 Portion • 297 kcal / 13,5 g P / 12,8 g KH / 19,4 g F

- 400 g große (braune) Champignons
- 8 g extra natives Olivenöl oder MCT-Kokosöl
- Salz, Pfeffer
- 1 kleine Zwiebel (ca. 40 g)
- 50 g Cocktailtomaten
- 75 g Fruchtfleisch einer grünen Avocado (Fuerte)
- 1 TL Limetten- oder Zitronensaft
- 2 Stängel Petersilie
- 2-3 EL Gemüsebrühe (S. 40) oder Wasser

1. Pilze putzen und Stiele herausdrehen. Die Pilzköpfe rundherum mit etwas Öl einpinseln und die Innenseiten mit Salz und Pfeffer würzen. Stiele fein hacken.
2. Zwiebel abziehen, Tomaten waschen und abtrocknen. Beides in feine Stücke schneiden.
3. Avocado-Fruchtfleisch und Limetten- oder Zitronensaft in eine Schüssel geben und mit der Gabel zerdrücken. Mit Salz und Pfeffer würzen.
4. Restliches Öl in einer Pfanne erhitzen. Pilze mit der Pilzkopfoberfläche nach unten in die Pfanne setzen und kurz anrösten, dann auf einen Teller legen.
5. Zwiebeln, Pilzstiele und Tomaten in die Pfanne geben und in 2–3 Minuten goldbraun anbraten. Mit Salz und Pfeffer würzen und die Champignons damit füllen. Gefüllte Pilze nun nochmals in die Pfanne setzen und unter der Zugabe von 2-3 EL Gemüsebrühe oder Wasser für ca. 8-10 Min. dünsten.
6. Petersilie waschen, trocken schütteln und klein zupfen, dann auf dem Gericht verteilen.
7. Eventuell übrig bleibende Reste von der Füllung einfach dazu genießen.

Buntes Gemüsegulasch

Tag 1: 400–450 kcal

Für 1 Portion • 424 kcal / 10,6 g P / 24,3 g KH / 29,4 g F

100 g rote Paprikaschote
100 g gelbe Paprikaschote
120 g Zucchini
120 g (braune) Champignons
30 g Schalotte
1 Knoblauchzehe
30 g extra natives Olivenöl oder MCT-Kokosöl
1 TL Tomatenmark
100 ml passierte Tomaten aus der Dose
Salz, Pfeffer
2 Stängel Petersilie

Tag 2–5: 250–300 kcal

Für 1 Portion • 285 kcal / 9,4 g P / 22,4 g KH / 15,5 g F

80 g rote Paprikaschote
100 g gelbe Paprikaschote
100 g Zucchini
100 g (braune) Champignons
30 g Schalotte
1 Knoblauchzehe
15 g extra natives Olivenöl oder MCT-Kokosöl
1 TL Tomatenmark
100 ml passierte Tomaten aus der Dose
Salz, Pfeffer
2 Stängel Petersilie

1. Paprikaschoten und Zucchini waschen, abtrocknen, putzen und in Stücke schneiden.
2. Champignons säubern und in Scheiben schneiden.
3. Schalotte und Knoblauch abziehen und fein hacken.
4. Öl und Tomatenmark in einem Topf erhitzen und Schalotte darin 1 Minute andünsten.
5. Dann Knoblauch, Paprika, Champignons und Zucchini hinzufügen und 3–4 Minuten mitdünsten.
6. Passierte Tomaten, Salz und Pfeffer einrühren und das Gemüse in 5–8 Minuten unter Rühren bissfest garen. Mit Salz und Pfeffer abschmecken.
7. Petersilie waschen, trocken schütteln und klein zupfen, dann auf dem Gericht verteilen.

Auberginenragout

Tag 1: 400–450 kcal

Für 1 Portion • 415 kcal / 5,4 g P / 21,6 g KH / 32,9 g F

120 g Karotten	35 g extra natives Olivenöl oder MCT-Kokosöl
200 g Aubergine	½ TL getrockneter Oregano
Salz	100 g passierte Tomaten aus der Dose
30 g Schalotte	Pfeffer
1 Knoblauchzehe	

Tag 2–5: 250–300 kcal

Für 1 Portion • 284 kcal / 5,2 g P / 20,2 g KH / 19,2 g F

100 g Karotten	20 g extra natives Olivenöl oder MCT-Kokosöl
200 g Aubergine	½ TL getrockneter Oregano
Salz	100 g passierte Tomaten aus der Dose
30 g Schalotte	Pfeffer
1 Knoblauchzehe	

1. Karotten und Aubergine waschen, abtrocknen und putzen.
2. Aubergine in Würfel schneiden, auf einen Teller legen, salzen und ca. 15 Minuten ziehen lassen. Dann mit Küchenpapier trocken tupfen.
3. Karotten evtl. schälen und in kleine Stücke schneiden.
4. Schalotte und Knoblauch abziehen und fein hacken.
5. Öl in einem Topf erhitzen und Schalotte und Knoblauch darin 1 Minute andünsten. Karotten und Aubergine hinzufügen und 3–4 Minuten mitgaren.
6. Die restlichen Zutaten gut untermischen und das Gemüse bei mittlerer Hitze und unter gelegentlichem Umrühren 15–20 Minuten köcheln lassen, bis es weich ist. Mit Salz und Pfeffer abschmecken.

TIPP: Die Karotten können in jeweils der gleichen Menge durch rote Paprika ersetzt werden.

Bohnen-Tomaten-Pfanne

Tag 1: 400–450 kcal

Für 1 Portion • 441 kcal / 8,3 g P / 16,1 g KH / 35,6 g F

- 300 g grüne Bohnen, z. B. Prinzessbohnen (TK)
- 30 g Schalotte
- 150 g Cocktailtomaten
- 30 g extra natives Olivenöl oder MCT-Kokosöl
- Salz, Pfeffer
- 30 g schwarze Kalamata-Oliven (ohne Stein, in Wasser)

Tag 2–5: 250–300 kcal

Für 1 Portion • 287 kcal / 8 g P / 16 g KH / 19 g F

- 300 g grüne Bohnen, z. B. Prinzessbohnen (TK)
- 30 g Schalotte
- 150 g Cocktailtomaten
- 20 g extra natives Olivenöl oder MCT-Kokosöl
- Salz, Pfeffer

1. Bohnen nach Packungsanleitung in einem Topf mit kochendem Wasser bissfest garen, dann in ein Sieb abgießen und abtropfen lassen.
2. Schalotte abziehen und fein hacken.
3. Tomaten waschen, abtrocknen und in kleine Stücke schneiden.
4. Öl in einer Pfanne erhitzen und Schalotte darin kurz anrösten. Tomaten hinzufügen und ca. 3 Minuten dünsten.
5. Bohnen zugeben und alles gut durchrühren, ca. 2 Minuten unter Rühren bei niedriger Hitze garen. Mit Salz und Pfeffer abschmecken.
6. Oliven in Scheiben schneiden und auf der Bohnen-Tomaten-Pfanne verteilen bzw. untermischen (nur bei Tag 1).

TIPP: Die Oliven (nur für Tag 1) kann man z. B. durch 10 g Macadamia- oder Pekannüsse (gemahlen oder zerkleinert) ersetzen.

Karotten-Kohlrabi-Eintopf

Tag 1: 400–450 kcal

Für 1 Portion • 427 kcal / 8,2 g P / 27,3 g KH / 28,7 g F

300 g Kohlrabi
200 g Karotten
50 g Stangensellerie
30 g extra natives Olivenöl oder MCT-Kokosöl
½ TL getrockneter Oregano
Salz, Pfeffer
½ TL Kurkumapulver
150 ml Wasser oder Gemüsebrühe (siehe S. 40)

Tag 2–5: 250–300 kcal

Für 1 Portion • 267 kcal / 6,6 g P / 21,6 g KH / 14,8 g F

250 g Kohlrabi
150 g Karotten
30 g Stangensellerie
15 g extra natives Olivenöl oder MCT-Kokosöl
½ TL getrockneter Oregano
Salz, Pfeffer
½ TL Kurkumapulver
100 ml Wasser oder Gemüsebrühe (siehe S. 40)

1. Gemüse waschen, abtrocknen und putzen.
2. Kohlrabi und Karotten schälen und in etwa gleich große Würfel schneiden.
3. Stangensellerie in Scheiben schneiden.
4. Öl in einem Topf erhitzen und das Gemüse darin 2–3 Minuten andünsten.
5. Die restlichen Zutaten hinzufügen, gut durchrühren und das Gemüse bei mittlerer Hitze ca. 15 Minuten köcheln lassen, bis es weich ist. Mit Salz und Pfeffer abschmecken.

TIPP: Die Karotten können durch die gleiche Menge Paprikaschote ersetzt werden.

Weißkohl-Tomaten-Topf

Tag 1: 400–450 kcal

Für 1 Portion • 442 kcal / 6,9 g P / 25 g KH / 32,5 g F

300 g Weißkohl
70 g Karotte
35 g extra natives Olivenöl oder MCT-Kokosöl
1 TL Tomatenmark
200 g gehackte Tomaten aus der Dose
Salz, Pfeffer

Tag 2–5: 250–300 kcal

Für 1 Portion • 275 kcal / 4,9 g P / 17,9 g KH / 18,7 g F

200 g Weißkohl
50 g Karotte
20 g extra natives Olivenöl oder MCT-Kokosöl
1 TL Tomatenmark
150 g gehackte Tomaten aus der Dose
Salz, Pfeffer

1. Weißkohl putzen, waschen und in feine Streifen schneiden.
2. Karotte waschen, abtrocknen, putzen und fein stifteln.
3. Öl und Tomatenmark in einem Topf erhitzen. Karotten und Weißkohl hinzufügen und unter Rühren 3–5 Minuten andünsten.
4. Gehackte Tomaten hinzufügen und mit Salz und Pfeffer würzen. Dann das Gemüse 20–25 Minuten bei mittlerer Hitze garen. Mit Salz und Pfeffer abschmecken.

TIPP: Statt der Karotte können Sie die gleiche Menge rote Paprikaschote und anstelle von Weißkohl Spitzkohl nehmen.

Zucchiniröllchen mit Avocado-Blumenkohl-Füllung

Tag 1: 400–450 kcal

Für 1 Portion • 428 kcal / 9,4 g P / 19,4 g KH / 35,9 g F

100 g Blumenkohl
300 g Zucchini
20 g extra natives Olivenöl oder MCT-Kokosöl
Salz, Pfeffer
3 Stängel Petersilie
110 g Fruchtfleisch einer grünen Avocado (Fuerte)
1 TL Limetten- oder Zitronensaft

Tag 2–5: 250–300 kcal

Für 1 Portion • 284 kcal / 7,6 g P / 15,3 g KH / 22,1 g F

80 g Blumenkohl
250 g Zucchini
10 g extra natives Olivenöl oder MCT-Kokosöl
Salz, Pfeffer
3 Stängel Petersilie
80 g Fruchtfleisch einer grünen Avocado (Fuerte)
1 TL Limetten- oder Zitronensaft

1. Blumenkohl putzen, waschen und in kleine Stücke hacken. Salzwasser in einem Topf aufkochen und die Blumenkohlstücke darin in 3–6 Minuten (je nach Größe) weich garen. Dann in ein Sieb abgießen.
2. Während der Blumenkohl abkühlt, Zucchini waschen, abtrocknen und putzen. Der Länge nach in Scheiben (ca. 5 mm dick) schneiden oder hobeln.
3. Öl in einer kleinen Schüssel mit Salz und Pfeffer verrühren und Zucchinischeiben beidseitig damit einpinseln.
4. Eine (Grill-)Pfanne erhitzen und die Zucchinischeiben darin auf beiden Seiten anbraten.
5. Petersilie waschen und trocken schütteln, dann fein hacken.
6. Avocado-Fruchtfleisch in eine Schüssel geben und grob mit der Gabel zerdrücken. Blumenkohl, Petersilie und Limetten- oder Zitronensaft hinzufügen, alles gut vermischen und mit Salz und Pfeffer abschmecken.

7. 1 guten Esslöffel der Masse auf das Ende einer Zucchinischeibe geben. Die Zucchinischeibe von dieser Seite aus aufrollen und evtl. mit einem Zahnstocher fixieren. Den Vorgang wiederholen, bis alle Zucchinischeiben gefüllt sind. Falls noch Masse übrig ist, seitlich noch etwas Füllung zufügen oder diese einfach zu den Röllchen essen.

> **TIPP:** Die Röllchen kann man auch mit Auberginen- anstatt Zucchinischeiben in der gleichen Menge zubereiten.

Zoodles mit Avocadopesto und Tomaten

Tag 1: 400–450 kcal
Für 1 Portion • 428 kcal / 9 g P / 20,4 g KH / 36 g F

350 g Zucchini
50 g Cocktailtomaten
20 g Basilikumblätter
110 g Fruchtfleisch einer grünen Avocado (Fuerte)
1 TL Zitronensaft
1 Knoblauchzehe
Salz, Pfeffer
20 g extra natives Olivenöl oder MCT-Kokosöl

Tag 2–5: 250–300 kcal
Für 1 Portion • 288 kcal / 7,6 g P / 16,8 g KH / 22,3 g F

300 g Zucchini
50 g Cocktailtomaten
20 g Basilikumblätter
80 g Fruchtfleisch einer grünen Avocado (Fuerte)
1 TL Zitronensaft
1 Knoblauchzehe
Salz, Pfeffer
10 g extra natives Olivenöl oder MCT-Kokosöl

1. Zucchini und Tomaten waschen, abtrocknen und putzen. Zucchini mithilfe eines Spiralschneiders zu Zucchininudeln schneiden. Tomaten halbieren oder in Scheiben oder Viertel schneiden.
2. Basilikum waschen, trocken schütteln und fein hacken.
3. Avocado-Fruchtfleisch in eine Schüssel geben, mit einer Gabel zerdrücken und mit Zitronensaft und Basilikum vermischen.
4. Knoblauch schälen, zum Avocadopesto hinzupressen, alles gut verrühren und mit Salz und Pfeffer abschmecken.
5. Öl in einer Pfanne erhitzen und die Zucchininudeln bei niedriger Hitze in 3–5 Minuten bis zur gewünschten Konsistenz (bissfest oder weich) garen. Evtl. noch 1–2 EL Wasser zum Dünsten hinzufügen.
6. Avocadopesto unter die Zucchininudeln mischen, auf einen Teller umfüllen und mit Tomaten garnieren.

TIPP: Anstatt Zucchininudeln kann man auch Gemüsenudeln aus Kohlrabi zubereiten. Für Tag 1: 230 g, und ab Tag 2: 200 g Kohlrabi anstatt Zucchini.

Tomaten-Zucchini-Gemüse

Tag 1: 400–450 kcal

Für 1 Portion • 414 kcal / 9 g P / 16,5 g KH / 34 g F

350 g Zucchini
250 g Kirschtomaten
30 g Schalotte
3 Stängel frische Petersilie
35 g extra natives Olivenöl oder MCT-Kokosöl
1 TL getrockneter Oregano
Salz, Pfeffer

Tag 2–5: 250–300 kcal

Für 1 Portion • 290 kcal / 9 g P / 16,5 g KH / 20,4 g F

350 g Zucchini
250 g Kirschtomaten
30 g Schalotte
3 Stängel frische Petersilie
20 g extra natives Olivenöl oder MCT-Kokosöl
1 TL getrockneter Oregano
Salz, Pfeffer

1. Zucchini und Tomaten waschen, abtrocknen und putzen. Zucchini erst in Scheiben und dann in Viertel schneiden. Tomaten in kleine Stücke zerteilen.
2. Schalotte abziehen und fein hacken.
3. Petersilie waschen, trocken schütteln und fein hacken.
4. Öl in einem Topf oder einer Pfanne erhitzen und Schalotte darin 1 Minute andünsten. Dann Zucchini und Tomaten hinzufügen und 3 Minuten mitdünsten.
5. Petersilie, Oregano, Salz und Pfeffer hinzufügen und Gemüse unter Rühren in 5–7 Minuten weich garen. Evtl. 1–2 EL Wasser zum Dünsten hinzufügen. Mit Salz und Pfeffer abschmecken.

TIPP: Die Tomaten kann man durch 100 g rote Paprikaschote ersetzen.

Spinat-Pilz-Pfanne

Tag 1: 400–450 kcal
Für 1 Portion • 436 kcal / 11,5 g P / 5,2 g KH / 39,6 g F

150 g Blattspinat
200 g (braune) Champignons
30 g Schalotte
30 g extra natives Olivenöl oder MCT-Kokosöl
½ TL getrockneter Thymian oder Salbei
Salz, Pfeffer
15 g Macadamianüsse

Tag 2–5: 250–300 kcal
Für 1 Portion • 264 kcal / 11 g P / 4,9 g KH / 20,8 g F

150 g Blattspinat
200 g (braune) Champignons
30 g Schalotte
15 g extra natives Olivenöl oder MCT-Kokosöl
½ TL getrockneter Thymian oder Salbei
Salz, Pfeffer
8 g Macadamianüsse

1. Blattspinat verlesen, waschen und gut abtropfen lassen.
2. Pilze säubern und vierteln oder in Scheiben schneiden.
3. Schalotte abziehen, halbieren und die einzelnen Schichten auseinanderzupfen. Alternativ in kleine Würfel schneiden.
4. Öl in einer Pfanne erhitzen und Schalotte darin andünsten. Dann Pilze und Kräuter hinzufügen und 3–4 Minuten scharf anbraten.
5. Blattspinat in die Pfanne geben und in 2–3 Minuten zusammenfallen lassen. Mit Salz und Pfeffer abschmecken.
6. Macadamianüsse fein mahlen bzw. zerkleinern und über die Spinat-Pilz-Pfanne streuen bzw. untermischen.

Zucchini-Spaghetti mit Tomatensauce

Tag 1: 400–450 kcal

Für 1 Portion • 435 kcal / 9,9 g P / 18,1 g KH / 35,6 g F

- 300 g Zucchini
- 30 g Schalotte
- 25 g extra natives Olivenöl oder MCT-Kokosöl
- 1 TL Tomatenmark
- 250 g geschälte Tomaten aus der Dose
- ¼ TL getrockneter Oregano
- Salz, Pfeffer
- 1 Prise Chiliflocken (optional)
- 15 g Macadamianüsse

Tag 2–5: 250–300 kcal

Für 1 Portion • 267 kcal / 8,9 g P / 16,3 g KH / 18,2 g F

- 300 g Zucchini
- 30 g Schalotte
- 10 g extra natives Olivenöl oder MCT-Kokosöl
- 1 TL Tomatenmark
- 200 g geschälte Tomaten aus der Dose
- ¼ TL getrockneter Oregano
- Salz, Pfeffer
- 1 Prise Chiliflocken (optional)
- 10 g Macadamianüsse

1. Zucchini waschen, abtrocknen, putzen und dann mithilfe eines Spiralschneiders zu Zucchininudeln schneiden.
2. Schalotte abziehen und würfeln.
3. Öl und Tomatenmark in einem Topf erhitzen und Schalotte darin 1 Minute andünsten.
4. Geschälte Tomaten, Oregano, Salz und Pfeffer zufügen und ca. 5 Minuten köcheln lassen. Noch mal mit Salz und Pfeffer abschmecken.
5. Währenddessen 2–3 EL Wasser in einer Pfanne erhitzen und die Zucchininudeln darin bei niedriger Hitze in 3–5 Minuten bis zur gewünschten Konsistenz (bissfest oder weich) garen.
6. Zucchininudeln auf einen Teller geben, Tomatensauce darauf verteilen. Evtl. noch mit Chiliflocken bestreuen.
7. Macadamianüsse fein mahlen bzw. zerkleinern und über die Zucchininudeln streuen oder untermischen.

TIPP: Anstatt 300 g Zucchininudeln kann man auch Gemüsenudeln aus 200 g Kohlrabi zubereiten.

Blumisotto

Tag 1: 400–450 kcal
Für 1 Portion • 424 kcal / 9,8 g P / 21,6 g KH / 29,2 g F

- 400 g Blumenkohl
- 150 g Karotte
- 40 g Lauchzwiebeln
- 30 g extra natives Olivenöl oder MCT-Kokosöl
- 1 TL Currypulver
- Salz, Pfeffer

Tag 2–5: 250–300 kcal
Für 1 Portion • 294 kcal / 9,5 g P / 20,6 g KH / 15,5 g F

- 400 g Blumenkohl
- 140 g Karotte
- 30 g Lauchzwiebeln
- 15 g extra natives Olivenöl oder MCT-Kokosöl
- 1 TL Currypulver
- Salz, Pfeffer

1. Blumenkohl putzen und in Röschen teilen, dann waschen und abtropfen lassen.
2. Karotte waschen, abtrocknen, putzen und in grobe Stücke schneiden. Blumenkohl und Karotte mithilfe einer Küchenmaschine zu Reiskorngröße zerkleinern bzw. fein hacken.
3. Lauchzwiebeln putzen, waschen und in Röllchen schneiden.
4. Öl in einer Pfanne erhitzen, Blumenkohl- und Karottenraspel mit Curry, Salz und Pfeffer hinzufügen und in ca. 5 Minuten unter Rühren bissfest garen. Evtl. noch 1–2 EL Wasser zum Dünsten hinzufügen. Mit Salz und Pfeffer abschmecken und mit Lauchzwiebeln bestreuen.

TIPPS: Anstatt Karotte kann man auch die gleiche Menge rote Paprikaschote verwenden. Die Lauchzwiebeln kann man auch mit Blumenkohl und Karotten mitdünsten.

Pak-Choi-Gemüse-Wok

Tag 1: 400–450 kcal

Für 1 Portion • 434 kcal / 6,1 g P / 10,8 g KH / 40,2 g F

300 g Pak Choi
30 g Schalotte
1 orange Paprikaschote (ca. 120 g)
30 g extra natives Olivenöl oder MCT-Kokosöl
Salz, Pfeffer
Saft von ½ Limette
15 g Macadamianüsse

Tag 2–5: 250–300 kcal

Für 1 Portion • 275 kcal / 5,4 g P / 9,6 g KH / 23,5 g F

300 g Pak Choi
30 g Schalotte
1 orange Paprikaschote (ca. 120 g)
15 g extra natives Olivenöl oder MCT-Kokosöl
Salz, Pfeffer
Saft von ½ Limette
12 g Macadamianüsse

1. Pak Choi putzen, in grobe Streifen schneiden, waschen und gut abtropfen lassen.
2. Schalotte abziehen und würfeln.
3. Paprika waschen, abtrocknen, putzen und in Stücke schneiden.
4. Öl in einem Wok oder einer Pfanne erhitzen und Schalotte darin 1 Minute andünsten. Dann Pak Choi und Paprika hinzufügen und unter Rühren in ca. 5–7 Minuten bissfest garen.
5. Mit Salz und Pfeffer würzen und mit Limettensaft beträufeln.
6. Macadamianüsse fein mahlen bzw. zerkleinern und über das Gericht streuen.

TIPPS: Anstatt Paprikaschote eignen sich auch 180 g Zucchini oder 180 g Tomaten. Die Macadamianüsse kann man durch die gleiche Menge Pekannüsse ersetzen.

Mediterranes Pfannengemüse

Tag 1: 400–450 kcal
Für 1 Portion • 430 kcal / 7,6 g P / 15,9 g KH / 36,6 g F

200 g Zucchini
200 g Aubergine
150 g Tomate
1 TL getrockneter Oregano
30 g extra natives Olivenöl oder MCT-Kokosöl
Salz, Pfeffer
30 g schwarze Kalamata-Oliven (ohne Stein, in Wasser)

Tag 2–5: 250–300 kcal
Für 1 Portion • 276 kcal / 7,2 g P / 15,8 g KH / 20 g F

200 g Zucchini
200 g Aubergine
150 g Tomate
1 TL getrockneter Oregano
20 g extra natives Olivenöl oder MCT-Kokosöl
Salz, Pfeffer

1. Gemüse waschen, abtrocknen, putzen, jeweils in Scheiben schneiden, dann diese vierteln.
2. Gemüse und Oregano in eine Schüssel geben, mit dem Öl vermischen und mit Salz und Pfeffer würzen. Ca. 10 Minuten ziehen lassen.
3. Eine Pfanne erhitzen und die Gemüsemischung darin in 5–7 Minuten unter Rühren anbraten und weich garen.
4. Oliven in Scheiben schneiden (nur bei Tag 1) und über das Gemüse geben.

TIPPS: Die Aubergine lässt sich z. B. durch 100 g rote Paprikaschote ersetzen.
Gut ist auch: mit frisch gehackten Kräutern wie Basilikum bestreuen.

HAUPTMAHLZEITEN

Aus dem Ofen

Geschmorte Aubergine Imam Bayildi

Tag 1: 400–450 kcal

Für 1 Portion • 430 kcal / 6,6 g P / 17,6 g KH / 35,9 g F

- 1 Aubergine (ca. 250 g)
- 2 Tomaten (ca. 120 g)
- 50 g rote Paprikaschote
- 30 g Schalotte
- 1 Knoblauchzehe
- 30 g extra natives Olivenöl oder MCT-Kokosöl
- 1 TL Tomatenmark
- ¼ TL gemahlener Kreuzkümmel
- 1 Prise Chiliflocken (optional)
- Salz, Pfeffer
- 100 ml Gemüsebrühe (siehe S. 40) oder Wasser
- 2 Stängel Petersilie
- ½ TL Sesamsamen
- 25 g schwarze Kalamata-Oliven (ohne Stein, in Wasser)

Tag 2–5: 250–300 kcal

Für 1 Portion • 270 kcal / 6,4 g P / 17,5 g KH / 18,5 g F

- 1 Aubergine (ca. 250 g)
- 2 Tomaten (ca. 120 g)
- 50 g rote Paprikaschote
- 30 g Schalotte
- 1 Knoblauchzehe
- 15 g extra natives Olivenöl oder MCT-Kokosöl
- 1 TL Tomatenmark
- ¼ TL gemahlener Kreuzkümmel
- 1 Prise Chiliflocken (optional)
- Salz, Pfeffer
- 100 ml Gemüsebrühe (siehe S. 40) oder Wasser
- 2 Stängel Petersilie
- ½ TL Sesamsamen
- 10 g schwarze Kalamata-Oliven (ohne Stein, in Wasser)

1. Gemüse waschen und abtrocknen.
2. Aubergine halbieren und ca. 30 Minuten in eine Schüssel mit Salzwasser legen, um sie zu entbittern.
3. Backofen auf 180 °C Umluft vorheizen.
4. Tomaten kreuzförmig einritzen und das Grün entfernen. Mit kochendem Wasser übergießen, dann kalt abschrecken und die Haut abziehen. Fruchtfleisch der Tomaten grob würfeln.
5. Paprikaschote putzen und in Würfel schneiden.
6. Schalotte und Knoblauch abziehen und fein hacken.

7. Öl und Tomatenmark in einem Topf erhitzen und Schalotte und Knoblauch darin andünsten. Dann Paprika hinzufügen und 2 Minuten mitdünsten.
8. Tomaten und Gewürze einrühren und ca. 2 Minuten köcheln lassen, dann den Herd ausstellen.
9. Auberginenhälften aus dem Salzwasser heben, trocken tupfen und vorsichtig aushöhlen. Dabei einen Rand von ca. 0,8–1 cm Fruchtfleisch stehen lassen. Das herausgenommene Fruchtfleisch fein würfeln und unter die Tomatensauce im Topf mischen.
10. Auberginen mit der Tomatensauce füllen und in eine Auflaufform setzen. Restliche Tomatensauce in der Auflaufform um die Auberginenhälften herum verteilen. Gemüsebrühe oder Wasser in die Auflaufform gießen.
11. Auberginen 25–30 Minuten im Ofen backen.
12. Petersilie waschen, trocken schütteln und kleiner zupfen bzw. hacken. Zusammen mit dem Sesam über die Auberginen streuen.
13. Oliven in Stücke oder Scheiben schneiden und zur gefüllten Aubergine genießen.

Geschichtete Ratatouille

Tag 1: 400–450 kcal

Für 1 Portion • 412 kcal / 10 g P / 24,3 g KH / 29,5 g F

200 g Zucchini
200 g Aubergine
200 g Tomaten
30 g Schalotte
120 ml passierte Tomaten aus der Dose
½ TL getrockneter Oregano
30 g extra natives Olivenöl oder MCT-Kokosöl
1 TL getrocknete italienische Kräuter
Salz, Pfeffer

Tag 2–5: 250–300 kcal

Für 1 Portion • 282 kcal / 9,7 g P / 23,2 g KH / 15,8 g F

200 g Zucchini
200 g Aubergine
200 g Tomaten
30 g Schalotte
100 ml passierte Tomaten aus der Dose
½ TL getrockneter Oregano
15 g extra natives Olivenöl oder MCT-Kokosöl
1 TL getrocknete italienische Kräuter
Salz, Pfeffer

1. Backofen auf 200 °C Ober-/Unterhitze vorheizen.
2. Gemüse waschen, abtrocknen und putzen, dann in Scheiben (ca. 5 mm dick) schneiden.
3. Schalotte abziehen und fein hacken.
4. Passierte Tomaten in einer Schüssel mit Oregano und Schalotten vermischen und in eine Auflaufform gießen.
5. Das Gemüse abwechselnd hochkant in die Form einschichten.
6. Öl in einer kleinen Schüssel mit den italienischen Kräutern vermischen und auf das Gemüse träufeln. Mit Salz und Pfeffer würzen.
7. Gemüse 15–20 Minuten im Ofen backen.

Gebackene Champignons

Tag 1: 400–450 kcal

Für 1 Portion • 439 kcal / 10,8 g P / 12,9 g KH / 36,3 g F

250 g (braune) Champignons
½ rote Paprikaschote (ca. 75 g)
1 Tomate (ca. 100 g)
30 g Schalotte
10 g Macadamianüsse
30 g extra natives Olivenöl
1 TL Tomatenmark
½ TL getrockneter Oregano
Salz, Pfeffer
1 Stängel Basilikum

Tag 2–5: 250–300 kcal

Für 1 Portion • 274 kcal / 10,8 g P / 12,9 g KH / 18,1 g F

250 g (braune) Champignons
½ rote Paprikaschote (ca. 75 g)
1 Tomate (ca. 100 g)
30 g Schalotte
10 g Macadamianüsse
10 g extra natives Olivenöl
1 TL Tomatenmark
½ TL getrockneter Oregano
Salz, Pfeffer
1 Stängel Basilikum

1. Backofen auf 200 °C Ober-/Unterhitze vorheizen.
2. Champignons säubern, Lamellen entfernen, Stiele herausdrehen und fein hacken. Paprikaschote und Tomate waschen, abtrocknen, putzen und hacken. Schalotte abziehen und ebenfalls fein hacken. Macadamianüsse zerkleinern.
3. In einer Schüssel gehackte Champignonstiele, Paprika, Tomate, Schalotte, Macadamianüsse, Öl, Tomatenmark, Oregano, Salz und Pfeffer vermischen. Die Masse in die ausgehöhlten Champignons füllen und diese in eine Auflaufform setzen. Übrig gebliebenen Belag einfach um die Champignons herum in der Form verteilen.
4. Champignons 15–20 Minuten im Ofen backen.
5. Basilikum waschen, trocken tupfen und die Blätter abzupfen. Auf die gefüllten Champignons legen, evtl. zuvor noch hacken.

TIPPS: Die Macadamianüsse kann man durch die gleiche Menge Pekannüsse ersetzen.
Anstatt Paprikaschote kann man 150 g Zucchini verwenden.

Kohlrabi-Pommes mit Tomatendip

Tag 1: 400–450 kcal

Für 1 Portion • 432 kcal / 9,3 g P / 18,7 g KH / 33,3 g F

400 g Kohlrabi
35 g extra natives Olivenöl oder MCT-Kokosöl
Salz, Pfeffer
edelsüßes und rosenscharfes Paprikapulver
100 g gehackte Tomaten aus der Dose
½ TL Tomatenmark
½ TL Dijonsenf

Tag 2–5: 250–300 kcal

Für 1 Portion • 277 kcal / 7,1 g P / 14,4 g KH / 19,4 g F

300 g Kohlrabi
20 g extra natives Olivenöl oder MCT-Kokosöl
Salz, Pfeffer
edelsüßes und rosenscharfes Paprikapulver
80 g gehackte Tomaten aus der Dose
½ TL Tomatenmark
½ TL Dijonsenf

1. Backofen auf 180 °C Umluft vorheizen.
2. Kohlrabi waschen, abtrocknen, schälen und in Pommesform schneiden. In eine Schüssel geben, Öl und Gewürze hinzufügen und gut durchmischen.
3. Kohlrabi auf einem mit Backpapier ausgelegten Backblech verteilen und 15–20 Minuten im Ofen backen. Dabei nach ca. 10 Minuten einmal wenden.
4. Währenddessen gehackte Tomaten, Tomatenmark, Senf, Salz und Pfeffer in einer Schüssel vermischen. Nach Belieben stückig belassen oder mit dem Stabmixer fein pürieren.
5. Kohlrabi-Pommes mit dem Tomatendip genießen.

TIPP: Anstatt Kohlrabi eignen sich auch Zucchini (580 g für Tag 1 bzw. 440 g für die Tage 2–5).

Auberginen-Piccolinis

Tag 1: 400–450 kcal
Für 1 Portion • 433 kcal / 5,4 g P / 11,5 g KH / 40,5 g F

300 g Aubergine
Salz
25 g extra natives Olivenöl oder MCT-Kokosöl
Pfeffer
3–4 Cocktailtomaten (ca. 60 g)
3 schwarze Kalamata-Oliven (ohne Stein, in Wasser, ca. 10 g)
20 g Macadamianüsse

Tag 2–5: 250–300 kcal
Für 1 Portion • 288 kcal / 5,2 g P / 11,4 g KH / 24,7 g F

300 g Aubergine
Salz
10 g extra natives Olivenöl oder MCT-Kokosöl
Pfeffer
3–4 Cocktailtomaten (ca. 60 g)
3 schwarze Kalamata-Oliven (ohne Stein, in Wasser, ca. 10 g)
17 g Macadamianüsse

1. Aubergine waschen, putzen und in etwa 1 cm dicke Scheiben schneiden. Mit Salz bestreuen und ca. 15 Minuten ziehen lassen. Dann mit Küchenpapier trocken tupfen.
2. Backofen auf 200 °C Ober-/Unterhitze vorheizen.
3. Auberginenscheiben von beiden Seiten mit insgesamt ca. 5 g Öl einpinseln, mit Salz und Pfeffer würzen und auf ein mit Backpapier ausgelegtes Backblech geben.
4. Auberginen 15 Minuten im Ofen backen.
5. Währenddessen Tomaten waschen, abtrocknen und in Stücke schneiden.
6. Oliven in Scheiben schneiden.
7. Tomaten, Oliven und restliches Öl in einer Schüssel vermischen und mit Salz und Pfeffer würzen.
8. Gebackene Auberginenscheiben aus dem Ofen nehmen und mit der Tomaten-Oliven-Mischung belegen, dann weitere 5–7 Minuten im Ofen backen. Eventuelle Reste des Belags, die nicht mehr auf die Auberginenstücke passen, einfach zu den fertig gebackenen Piccolinis genießen.
9. Macadamianüsse fein mahlen bzw. zerkleinern und über die Piccolinis streuen.

TIPPS: Anstatt Tomaten kann man auch Champignons und/oder Zucchini in gleicher Menge verwenden. Die Oliven kann man durch ca. 90 g Artischockenherzen oder ca. 3 g mehr Olivenöl oder 3 g mehr Macadamianüsse ersetzen.

Gefüllter Kohlrabi

Tag 1: 400–450 kcal
Für 1 Portion • 449 kcal / 10,4 g P / 18,3 g KH / 34,8 g F

1 Kohlrabi (ca. 350 g)
50 g (braune) Champignons
50 g Karotte
1 Lauchzwiebel (ca. 35 g)
25 g extra natives Olivenöl oder MCT-Kokosöl
Salz, Pfeffer
1–2 EL Wasser oder Gemüsebrühe (siehe S. 40)
15 g Macadamianüsse

Tag 2–5: 250–300 kcal
Für 1 Portion • 286 kcal / 9,3 g P / 17,7 g KH / 17,5 g F

1 Kohlrabi (ca. 350 g)
50 g (braune) Champignons
50 g Karotte
1 Lauchzwiebel (ca. 35 g)
18 g extra natives Olivenöl oder MCT-Kokosöl
Salz, Pfeffer
1–2 EL Wasser oder Gemüsebrühe (siehe S. 40)

1. Kohlrabi waschen, evtl. schälen, oben ein Stück (mit den Blättern) abschneiden. Den unteren Teil auch gerade anschneiden, damit der Kohlrabi einen guten Stand hat. Kohlrabi nun z. B. mit einem Kugelausstecher aushöhlen, dabei einen etwa 1 cm breiten Rand rundherum stehen lassen.
2. Ausgehöhlten Kohlrabi in einem Topf mit Salzwasser 8–10 Minuten vorgaren, dann herausheben und abtropfen lassen.
3. Backofen auf 200 °C Ober-/Unterhitze vorheizen.
4. Währenddessen Champignons säubern, Karotte waschen, evtl. schälen und putzen. Beides in kleine Stücke schneiden.
5. Lauchzwiebel putzen, waschen und in feine Röllchen schneiden.
6. Kohlrabistücke vom Aushöhlen fein hacken und mit Champignons, Karotte und Lauchzwiebel in einer Schüssel vermischen. Öl hinzufügen und mit Salz und Pfeffer abschmecken.

7. Ausgehöhlten Kohlrabi an den Innenflächen mit Salz und Pfeffer würzen. Die Füllung hineingeben und den Kohlrabi in eine Auflaufform setzen. Reste der Füllung um den Kohlrabi herum verteilen und Wasser oder Gemüsebrühe hinzufügen.
8. Kohlrabi ca. 20 Minuten im Ofen backen.
9. Macadamianüsse (nur bei Tag 1) fein mahlen bzw. zerkleinern und über den gefüllten Kohlrabi streuen.

TIPP: Die Karotte kann man durch die gleiche Menge rote Paprikaschote ersetzen.

Tomaten mit Blumenkohl-Nuss-Füllung

Tag 1: 400–450 kcal

Für 1 Portion • 431 kcal / 6,6 g P / 11,3 g KH / 38,3 g F

100 g Blumenkohl
2 Stängel frische Petersilie
20 g Macadamianüsse
25 g extra natives Olivenöl oder MCT-Kokosöl
Salz, Pfeffer
2 große Tomaten (à ca. 150 g)
2–3 EL Gemüsebrühe (siehe S. 40) oder Wasser

Tag 2–5: 250–300 kcal

Für 1 Portion • 287 kcal / 6,4 g P / 11,1 g KH / 22,4 g F

100 g Blumenkohl
2 Stängel frische Petersilie
17 g Macadamianüsse
10 g extra natives Olivenöl oder MCT-Kokosöl
Salz, Pfeffer
2 große Tomaten (à ca. 150 g)
2–3 EL Gemüsebrühe (siehe S. 40) oder Wasser

1. Backofen auf 170 °C Umluft vorheizen.
2. Blumenkohl putzen und in Röschen teilen, dann waschen und abtropfen lassen. Mithilfe einer Küchenmaschine zu Reiskorngröße zerkleinern bzw. fein hacken.
3. Petersilie waschen, trocken schütteln und fein hacken.
4. Macadamianüsse fein mahlen bzw. zerkleinern.
5. Blumenkohl, Macadamia, Öl und Petersilie in einer Schüssel vermischen und mit Salz und Pfeffer würzen.
6. Tomaten waschen und abtrocknen. Jeweils einen Deckel abschneiden und beiseitelegen. Die Tomaten aushöhlen und mit der Blumenkohl-Nuss-Mischung füllen. In eine Auflaufform setzen und Reste der Füllung um die Tomaten herum verteilen. Gemüsebrühe oder Wasser in die Auflaufform füllen.
7. Tomaten 15–20 Minuten im Ofen backen.
8. Die beiseitegelegten Tomatendeckel fein hacken und mit den Resten der Füllung vermischen. Zu den gebackenen Tomaten genießen.

Rotkohlsteaks

Tag 1: 400–450 kcal
Für 1 Portion • 444 kcal / 6,5 g P / 18,6 g KH / 35,5 g F

30 g extra natives Olivenöl oder MCT-Kokosöl	Salz, Pfeffer
2 EL heller Balsamicoessig	1 Knoblauchzehe
1 TL getrockneter Thymian	350 g Rotkohl
	10 g Macadamianüsse

Tag 2–5: 250–300 kcal
Für 1 Portion • 294 kcal / 4,9 g P / 13,4 g KH / 22,5 g F

20 g extra natives Olivenöl oder MCT-Kokosöl	Salz, Pfeffer
1 EL heller Balsamicoessig	1 Knoblauchzehe
½ TL getrockneter Thymian	280 g Rotkohl
	5 g Macadamianüsse

1. Backofen auf 180 °C Ober-/Unterhitze vorheizen.
2. Öl, Essig, Thymian, Salz und Pfeffer in einer Schüssel vermischen. Knoblauch schälen und hinzupressen.
3. Rotkohl putzen, waschen und in ca. 1,5 cm dicke Scheiben schneiden.
4. Scheiben von beiden Seiten mit der Marinade bepinseln und auf ein mit Backpapier belegtes Backblech geben.
5. Blech in den Ofen schieben und Rotkohlsteaks in 20–25 Minuten goldbraun backen.
6. Macadamianüsse mahlen bzw. zerkleinern und über die Rotkohlsteaks streuen.

TIPP: Statt der Macadamianüsse können Sie die gleiche Menge Pekannüsse nehmen.

SNACKS

Die Snacks haben höchstens 200 Kalorien und können an allen Scheinfastentagen (Tage 1–5) zusätzlich als dritte kleine Zwischenmahlzeit eingeplant werden (siehe Mahlzeitenaufteilung S. 16).

Papaya-Avocado-Smoothie

Für 1 Portion • 195 kcal / 2,4 g P / 14,7 g KH / 14,9 g F

100 g Fruchtfleisch einer grünen Avocado (Fuerte)
1 EL Limettensaft
80 g Papaya

1. Avocado-Fruchtfleisch und Limettensaft in einem Standmixer pürieren und in ein Glas füllen.
2. Papaya schälen und entkernen, dann ebenfalls pürieren und auf den Avocado-Smoothie geben. Nach Belieben in 2 Schichten lassen oder verrühren.

TIPP: Anstelle von Papaya kann man 100 g Erdbeeren oder 75 g Heidelbeeren pürieren.

Erfrischende Smoothie-Bowl

Für 1 Portion • 193 kcal / 4,3 g P / 14,7 g KH / 13,1 g F

40 g Blattspinat
100 g Zucchini
½ Apfel, z. B. Granny Smith (ca. 80 g)
1 EL Zitronen- oder Limettensaft
17 g Macadamianüsse

1. Blattspinat waschen und verlesen, dann abtropfen lassen.
2. Zucchini und Apfel waschen. Apfel entkernen, Zucchini putzen, dann beides in grobe Stücke schneiden.
3. Zucchini, Apfel und Zitronen- oder Limettensaft in einen Standmixer geben und pürieren. Den Blattspinat nach und nach hinzufügen und alles fein pürieren. In eine Schüssel umfüllen.
4. Macadamianüsse hacken und die Smoothie-Bowl damit bestreuen.

TIPPS: Falls der Smoothie flüssiger sein soll, einfach etwas Wasser hinzufügen. Wer einen leistungsstarken Mixer besitzt, kann auch 1–2 Eiswürfel mitpürieren.
Die Macadamianüsse kann man durch die gleiche Menge Pekannüsse ersetzen.
Diese Bowl kann man auch nach den Scheinfasten-Tagen als leckeren Snack einplanen. Hier kann man dann die andere Hälfte des Apfels klein schneiden und den Smoothie damit dekorieren.

Papaya-Gurken-Snack

Für 1 Portion • 174 kcal / 2,6 g P / 11,8 g KH / 11,6 g F

150 g Salatgurke
100 g Papaya
3–5 Blätter Minze
Saft von ½ Limette
15 g Macadamianüsse

1. Gurke waschen, abtrocknen, putzen und klein würfeln.
2. Papaya schälen, entkernen und Fruchtfleisch ebenfalls in Würfel schneiden.
3. Minze waschen, trocken tupfen und fein hacken.
4. Macadamianüsse hacken und über den Snack streuen bzw. untermischen.
5. Alle Zutaten in einer Schüssel vermischen und ca. 5 Minuten ziehen lassen.

TIPP: Anstatt Papaya schmeckt auch die gleiche Menge Heidelbeeren gut.

Kohlrabi-Carpaccio

Für 1 Portion • 183 kcal / 4,8 g P / 8,6 g KH / 13,3 g F

200 g Kohlrabi
Salz, Pfeffer
6 g extra natives Olivenöl oder MCT-Kokosöl
½ TL frisch gehackte Kräuter, z. B. Oregano
1 EL Apfelessig
10 g Macadamianüsse

1. Kohlrabi schälen und in sehr feine Scheiben hobeln (1–2 mm). Auf einem Teller verteilen und mit Salz und Pfeffer würzen.
2. Öl, Kräuter und Essig in einer Schüssel vermischen und über die Kohlrabischeiben träufeln.
3. Macadamianüsse hacken oder fein mahlen und darüberstreuen.

TIPP: Die Macadamianüsse kann man durch die gleiche Menge Pekannüsse ersetzen.

Grapefruit-Avocado-Snack

Für 1 Portion • 191 kcal / 2,5 g P / 15,3 g KH / 13,5 g F

100 g Grapefruit
90 g Fruchtfleisch einer grünen Avocado (Fuerte)
1 kleiner Stängel Minze
1 ½ TL Zitronen- oder Limettensaft

1. Grapefruit gründlich schälen. Die Filets aus der Haut lösen und ebenso wie das Avocado-Fruchtfleisch in feine Streifen schneiden oder würfeln. Auf einem Teller anrichten.
2. Minze waschen und mit Küchenpapier abtrocknen. 2–3 Blättchen fein hacken und in einer Schüssel mit dem Zitronensaft vermischen.
3. Minz-Zitronensaft auf Grapefruit und Avocado träufeln und noch ein paar Minzblätter darauf verteilen.

Apfel-Sellerie-Snack

Für 1 Portion • 198 kcal / 1 g P / 18,1 g KH / 14 g F

40 g Stangensellerie
ein paar Blätter Rucola (optional)
120 g Apfel, z. B. Granny Smith
15 g extra natives Olivenöl oder MCT-Kokosöl
1 EL Limetten- oder Zitronensaft

1. Stangensellerie putzen, waschen und in Scheiben schneiden.
2. Rucola (falls verwendet) verlesen, waschen, mit Küchenpapier trocken tupfen, evtl. kleiner zupfen oder hacken.
3. Apfel waschen, abtrocknen, Kerngehäuse entfernen und Fruchtfleisch klein würfeln.
4. Alle Zutaten in einer Schüssel oder einem Teller vermischen und mindestens 5 Minuten ziehen lassen.

Tomaten-Chili-Salsa

Für 1 Portion • 197 kcal / 3,7 g P / 10,7 g KH / 14,3 g F

250 g Tomaten
1 grüne Chilischote (ca. 10 g)
1 rote Zwiebel (ca. 50 g)
2 Stängel frische Petersilie
15 g extra natives Olivenöl oder MCT-Kokosöl
1 EL Limettensaft
Salz, Pfeffer

1. Tomaten und Chilischote waschen und abtrocken. Tomaten in kleine Würfel schneiden. Chilischote putzen und in Ringe schneiden.
2. Zwiebel abziehen und fein würfeln oder hacken.
3. Petersilie waschen, trocken schütteln und kleiner zupfen oder hacken.
4. Alle Zutaten in einer Schüssel vermischen. Mit Salz und Pfeffer abschmecken und mindestens 10 Minuten ziehen lassen.

Himbeer-Kokos-Eis

Für 1 Portion • 191 kcal / 3,3 g P / 9,1 g KH / 12,9 g F

150 g TK-Himbeeren (ungezuckert)
50 ml gekühlte cremige Kokosmilch
1 Msp. gemahlene Vanille
5 g Kokosraspel

1. TK-Himbeeren, Kokosmilch und Vanille in einem Standmixer pürieren.
2. In eine Schüssel oder Schale umfüllen, mit Kokosraspeln bestreuen und sofort verzehren.

TIPP: Mit ein paar frischen Minzblättern genießen.

Gemüse-Kohl-Wrap

Für 1 Portion • 189 kcal / 3,3 g P / 10,3 g KH / 14,2 g F

4 Weißkohlblätter
150 g Salatgurke
4 Cocktailtomaten (ca. 80 g)
2 EL frische Kräuter, z. B. Petersilie, Kresse, Basilikum
15 g extra natives Olivenöl oder MCT-Kokosöl
1 EL Limetten- oder Zitronensaft
Salz, Pfeffer

1. Weißkohlblätter abziehen, waschen und mit Küchenpapier trocken tupfen, dann Strunk abschneiden.
2. Gurke, Tomaten und Kräuter waschen und abtrocknen. Gurke und Tomaten in Scheiben schneiden, evtl. halbieren. Kräuter kleiner zupfen oder fein hacken.
3. Alle Zutaten bis auf die Kohlblätter in einer Schüssel vermischen und mindestens 5 Minuten ziehen lassen.
4. Dann die Kohlblätter mit der Mischung füllen und salzen und pfeffern.
5. Kohlblätter zum Essen zusammenfalten und wie von einem Wrap abbeißen.

TIPP: Anstatt Kohlblätter kann man auch Chicoréeblätter oder Salatblätter nach Wahl verwenden, z. B. Eisberg- oder Kopfsalat.

Beispielpläne für 5 Tage Scheinfasten

Hier finden Sie zwei Vorschläge für Ihr 5-Tage-Scheinfasten. Weitere Pläne stelle ich Ihnen als Bonusmaterial zum Buch unter **happyfitfood.de/scheinfasten** zur Verfügung.

TIPP: Bereiten Sie Rezepte in doppelter Menge zu und essen Sie z. B. eine Portion Suppe an einem Tag als Mittag- und am nächsten Tag als Abendessen.

Scheinfastentage Vorschlag 1: Frühstück, Snack und Abendessen:

		kcal	P	KH	F
Tag 1	Heidelbeer-Kokos-Traum (S. 38)	425	4,9	16,3	35,7
	Kohlrabi-Carpaccio (S. 130)	183	4,8	8,6	13,3
	Zucchini-Spaghetti mit Tomatensauce (S. 102)	435	9,9	18,1	35,6
	GESAMT	1043	19,6	43	84,6
Tag 2	Nuss-Kokos-Müsli mit Himbeeren (S. 26)	295	5	5,8	26,2
	Kohlrabi-Carpaccio (S. 130)	183	4,8	8,6	13,3
	Gemüsecurry mit Blumenkohl, Zucchini und Chilischote (S. 74)	291	6,7	10,6	35,3
	GESAMT	769	16,5	25	74,8
Tag 3	Tomaten-Avocado-Wassermelonen-Salat (S. 24)	291	3,7	16,4	24,4
	Papaya-Avocado-Smoothie (S. 124)	195	2,4	14,7	14,9
	Blumenkohl-Karotten-Suppe (S. 50)	261	8	16,6	15,1
	GESAMT	747	14,1	47,7	54,4
Tag 4	Papaya-Tomaten-Salat (S. 34)	284	3,9	20,7	17,3
	Tomaten-Chili-Salsa (S. 135)	197	3,7	10,7	14,3
	Zucchini-Lauch-Pfanne (S. 66)	293	8,7	12,8	22,8
	GESAMT	774	16,3	44,2	54,4
Tag 5	Gurken-Avocado-Smoothie (S. 32)	275	3,7	15,4	24,2
	Gemüse-Kohl-Wrap (S. 138)	189	3,3	10,3	14,2
	Weißkohl-Tomaten-Topf (S. 93)	275	4,9	17,9	18,7
	GESAMT	739	11,9	43,6	57,1

Scheinfastentage Vorschlag 2: Snack, Mittag- und Abendessen:

		kcal	P	KH	F
Tag 1	Erfrischende Smoothie-Bowl (S. 126)	193	4,3	14,7	13,1
	Kohlrabi-Blumenkohl-Suppe (S. 46)	424	9,1	17	33,4
	Tomaten-Zucchini-Gemüse (S. 52)	422	7,3	18,3	33,1
	GESAMT	1039	20,7	50	79,6
Tag 2	Kohlrabi-Carpaccio (S. 130)	183	4,8	8,6	13,3
	Mediterranes Pfannengemüse (S. 108)	276	7,2	15,8	20
	Bunter Salat mit Oliven (S. 58)	279	5	17,6	19,4
	GESAMT	738	17	42	52,7
Tag 3	Grapefruit-Avocado-Snack (S. 132)	191	2,5	15,3	13,5
	Kohlrabi-Pommes mit Tomatendip (S. 114)	277	7,1	14,4	19,4
	Bunter Salat mit Oliven (S. 58)	279	5	17,6	19,4
	GESAMT	747	14,6	47,3	52,3
Tag 4	Erfrischende Smoothie-Bowl (S. 126)	193	4,3	14,7	13,1
	Zoodles mit Avocadopesto und Tomaten (S. 96)	288	7,6	16,8	22,3
	Chinakohl-Radieschen-Salat (S. 62)	267	3,9	6,4	23,7
	GESAMT	748	15,8	37,9	59,1
Tag 5	Kohlrabi-Carpaccio (S. 130)	183	4,8	8,6	13,3
	Zucchiniröllchen mit Avocado-Blumenkohl-Füllung (S. 94)	284	7,6	15,3	22,1
	Karotten-Nuss-Salat (S. 56)	293	2,9	14,4	22,7
	GESAMT	760	15,3	38,3	58,1

Über die Autorin

Veronika Pichl ist Autorin zahlreicher Kochbücher und Ratgeber. Mit ihren Büchern und ihrem Blog-Magazin »HappyFitFood« möchte sie ihre Leser zu einem gesünderen und glücklicheren Leben inspirieren. Im riva Verlag sind bereits viele erfolgreiche Bücher von ihr erschienen. Sie lebt mit ihrem Mann und ihren beiden Kindern im schönen Mittelfranken.
Mehr Infos zur Autorin und ihren Büchern finden Sie auf **www.veronikapichl.de.** Im Blog-Magazin von Veronika Pichl auf **www.happyfitfood.de** erscheinen regelmäßig leckere Rezepte, Meal-Prep- und Lunchbox-Ideen. Außerdem gibt es wissenswerte Beiträge, um mehr Bewegung in den Alltag zu bringen und Kilos zu verlieren, aber auch Tipps, um seine Ziele zu erreichen – für eine nachhaltige Lebensweise und mehr Zufriedenheit im Leben.

Bonusmaterial zum Buch

Auf **happyfitfood.de/scheinfasten** habe ich Ihnen weitere Tipps und hilfreiche Downloads rund ums Scheinfasten zusammengestellt. Sie finden dort z. B. ein Scheinfasten-Tagebuch oder Mahlzeitenpläne zum Ausdrucken, schnelle Scheinfasten-Snack-Ideen und meine persönlichen Empfehlungen zu verwendeten Produkten (Ketosticks etc.).

Herzliche Grüße
Veronika Pichl